A Morte

Suas Representações e o Impacto no Ambiente Escolar

Marjory Allenuy Fernandes

Porto de Idéias EDITORA

A morte, suas representações e o impacto no ambiente escolar
Marjory Allenuy Fernandes

Editor
Sebastião Haroldo de Freitas Corrêa Porto

Coordenação Editorial
Silvana Pereira de Oliveira

Projeto Gráfico e Capa
Otávio Oliveira Silva

Imagem da capa: *A mãe morta e a criança* (1899). Edvard Munch.

Dados Internacionais de Catalogação na Publicação (CIP)
(Câmara Brasileira do Livro, SP, Brasil)

Fernandes, Marjory Allenuy
A morte, suas representações e o impacto no ambiente escolar / Marjory Allenuy Fernandes. -- São Paulo : Porto de Idéias, 2013.

ISBN 978-85-8061-040-6

1. Educação em relação à morte 2. Luto - Aspectos psicológicos 3. Morte 4. Pedagogia 5. Professores - Formação 6. Psicologia educacional 7. Psicologia infantil I. Título.

13-04261 CDD-370.158

Índices para catálogo sistemático:
1. Educação em relação à morte : Psicologia educacional 370.158

EDITORA PORTO DE IDÉIAS LTDA.
Rua Perdões, 101 – Aclimação
São Paulo – SP – 01529.030
Fone (11) 3884-3814
www.portodeideias.com.br
twitter.com/portodeideias

“A morte não é a maior perda da vida. A maior perda da vida é o que morre dentro de nós enquanto vivemos.”

Pablo Picasso

Agradecimentos

Ao meu marido Leandro e meus filhos Theo e Luan, que tiveram paciência, me apoiaram e deram força nos momentos mais difíceis.

Aos meus pais Antoninho e Silvia, pois, apesar de todas as dificuldades, não deixaram de acreditar e contribuíram para me tornar o que sou.

Ao Prof. Dr. Mauro Araujo de Souza pela orientação dedicada para a concretização deste trabalho e por ter aberto minha mente para novas possibilidades.

A todos os professores do Colegiado de Pedagogia do Centro Universitário Fundação Santo André, que me incentivaram e proporcionaram os conhecimentos necessários a minha formação acadêmica, profissional e pessoal, em especial Marli Pinto Ancassuerd, Ivete Pellegrino Rosa e Marilena Nakano.

Às minhas amigas Sandra Gomes, Maria Aparecida M. Trudes, Juliana Sciani e Maria Soledad de Abreu Villa pelo estímulo e auxílio prestados.

Às professoras e equipe diretiva da Emeif Carlos Drummond de Andrade e do Colégio São José pela colaboração na aquisição dos dados.

Dedico este trabalho a todos que amo, mas que não estão mais entre nós, e aos meus filhos, por me fazerem acreditar na vida.

Prefácio

O livro *A morte, suas representações e o impacto no ambiente escolar*, de Marjory Allenuy Fernandes, é uma contribuição a todos aqueles que pretendem se envolver com as questões existenciais, sociais, culturais, enfim, com os diversos universos de indagações que tratar sobre a morte e suas representações desperta nas pessoas, mas, particularmente, deve importar muito àqueles que trabalham com assuntos ligados à Educação, visto que o trabalho de Marjory objetivou o envolvimento da docência e, em especial, da docência do Ensino Fundamental I, nas escolas. Claro que a empreita delineada por ela não contém tudo aquilo que ela gostaria de ter realizado, pois, como toda pesquisa, pelo tempo exíguo que lhe é impetrado, sempre exige mais do que certos prazos predeterminados, ainda que esses sejam necessários para as instituições de ensino, pesquisa e extensão. Este livro carrega uma experiência, inclusive, da própria autora com a morte e suas representações e o seu contato com as escolas em que estagiou muito lhe propiciou perguntas a respeito de dúvidas no trato com um assunto que, de certo modo, é tabu até os dias atuais.

Por mais que pareça que o ser humano tenha aprendido a tratar com a morte, suas representações guardam seus medos do desconhecido, guardam as convenções existenciais e sociais que ele construiu para poder, diante das construções intituladas culturas, seguir fazendo sua história pela vida à frente. O cerne da questão é que, do ponto de vista filosófico, um aspecto bastante explorado neste livro, continua sendo o que muitos filósofos já exploraram e o continuam a fazer, a saber: esse ser humano ainda precisa aprender muito com aquilo próprio que ele toma como sendo sua vida, aprendendo a se relacionar melhor com seu corpo, com a sua saúde, e, principalmente, com as perdas que acontecem na vida, causadas pelo homem e por forças da própria natureza, e, nisso, uma força natural maior e que, ainda que para tantos possa parecer estranho, é a "ceifa" dos que vivem, isto é, não é incomum a maioria das pessoas acharem que a morte é algo separado da vida ou que, ao menos e devido a crenças e tradições, verem a morte como uma passagem para outra vida, e, ainda, uma continuidade da vida, porém por outras instâncias em que "passagens" de vida a vida corpóreas são necessárias. Em suma, são muitas as investidas para uma tentativa de convivência mais ou menos pacífica com aquilo que o ser humano toma como desafio incompreensivo à sua existência: o seu fim. O humano não quer morrer, e se essa morte não lhe possibilitar outra existência ou a sua continuidade em "outro plano", pior ainda fica-lhe a condição existencial. Por isso, aparece-lhe sem sentido uma vida que contenha dentro de si o próprio despertar da morte. Disso já lembrava um filósofo pré-socrático de nome Heráclito, de que tudo flui, de que tudo é uma luta de contrários, mas que cada contrário termina por se transformar naquilo que é contra. Heráclito, um filósofo de antes de Sócrates, fornece a dica: a morte não é outra coisa que a continuidade da vida, porém não como, em geral, o ser humano quis entendê-la. A morte, no viés heraclitiano, é a transformação da vida em outras possibilidades vitais. Dessa perspectiva, o humano continua vivo na natureza e, talvez daí, um outro filósofo, alemão, muito polêmico, conhecido como Nietzsche, afirme que mais do que natureza humana, todos os tipos humanos são natureza.

A separação que o humano, pelo viés da cultura, fez de si com a natureza lhe causou essa estranheza que o perturba, ainda que ele faça de conta, enquanto "vive", que a morte não faz parte de seu cotidiano, tentando afastar de si tudo que a lembre como a sua diluição total na natureza. Na sua ficção de um "eu", o humano, em sua subjetividade, criou uma consciência e nela se fixou de tal modo que não aceita que se finde, isso é o que acontece, pelo menos, com a maioria das pessoas. Ele não aceita se eternizar enquanto natureza, pois ele quer mais, deseja se eternizar enquanto uma identidade particular, um sujeito histórico, o que lhe faz deixar suas marcas enquanto faz história. Deixar marcas é, sem dúvida, uma forma de perpetuar-se na história que o próprio humano faz.

Marjory margeou tudo isso, com outras palavras, certamente, com outros exemplos também, mas ela atingiu o eixo daquilo que tanto perturba o ser humano, a sua morte e as quantas representações que teve que construir para continuar convivendo com ela até a atualidade, apesar de todos os seus esforços científicos para tentar sanar isso que não é visto como algo comum entre os mortais humanos. E o maior empenho de Marjory foi, ainda que em universo restrito de pesquisa, mas que pode, sem dúvida, ser estendido a um universo maior, indicar de modo bem preciso a dificuldade que as escolas possuem para tratar do tema com as suas crianças. As escolas, em todas as suas formalidades, carecem, e muito, de maior formação filosófica para lidar com essa questão fundamental da existência humana e que, muitas vezes e por outros interesses, é deixada de lado e com prejuízo para a superação daquilo que assola uma convivência mais natural do humano com a própria natureza da qual faz parte, de maneira a não entender bem essa natureza e os laços que com ela possui. Marjory, nesse sentido, lança um grande estímulo para todos aqueles que trabalham, de modo particular, com crianças, com a educação infantil de modo amplo, que é o de preparar os professores, as professoras, com um teor de formação filosófico, incluindo estudos de antropologia filosófico, aspectos da história cultural e social, assim como tantos outros estudos necessários, e também práticas cotidianos em que as crianças possam ser melhor preparadas para lidarem com aquilo que hoje muitos dos adultos, contando aí pais, mães, tutores e tutoras de todos os tipos, professores e professoras, os quais, diante de uma situação que deveria ser tão simples, tornou-se uma das mais complexas em todo sistema educacional, até no mais inicial deles: o do recôndito familiar.

E, com participação especial, e agora me sinto à vontade para escrever isso e em primeira pessoa do singular, estive presente na caminhada de Marjory no Centro Universitário da Fundação Santo André, Santo André/SP, a convite das professoras Marli P. Ancassuerd e Eliana M. Monaci dos cursos de Pedagogia e de Psicologia, para orientar o seu Trabalho de Conclusão de Curso, o TCC, que, com muito orgulho que sinto dessa moça, a qual sendo casada e tendo que cuidar dos filhos e do marido — pois as mulheres sempre continuam cuidando dos seus maridos —, desenvolveu todas as leituras necessárias e mais algumas para a feitura deste trabalho que merece, sem nenhuma dúvida, a publicação na forma de livro que agora toma.

Obrigado, Marjory, por poder ter participado dessa caminhada com você!

Mauro Araujo de Sousa

Pós-Doutorado em Filosofia pela Universidade Federal de São Carlos/SP,
Doutorado em Filosofia pela Pontifícia Universidade Católica de São Paulo/SP.

Primeiras Palavras

O princípio que rege este trabalho no campo teórico não é o viés dialético de contraposição de autores, por isso se faz mister esclarecer que, quando das citações de obras para fundamentar o texto, e mesmo para, a partir delas, seguir todo um raciocínio e aprofundar o assunto, optamos por uma sequência não muito usual, mas que traria uma marcação mais firme de autor para autor. Isto é, na leitura em que seguirão as referidas e devidas citações, é notável que não houve a preocupação em intercalar os autores, outorgando a eles o direito de transitarem mais livremente pelas construções textuais. Por isso é que em algumas partes deste livro, o leitor encontrará autores se reportando a um autor central e, em outras partes, um único autor segue quase que exclusivamente como referência. E somente não se torna exclusivo em todo o livro porque o que lhe dá coesão é o próprio tema, objeto maior do estudo realizado.

Assim, não se trata de simples fichamento de leitura, uma vez que nos subtraímos a isso por conta de nossas investidas reflexivas. O objetivo em adotar esse princípio foi o de tentar evitar o embate entre os autores e de discorrermos sobre cada um deles em separado, por um viés, e, por outro, unidos pelo fio condutor do próprio assunto pautado já no tema. Mas também há outro grande motivo: o tempo exíguo não permitiu algo a mais e, sendo assim, esse trabalho de conclusão de curso não é, enfim, um trabalho de conclusão, a não ser do curso. Entremeio a isso, o que pretendemos, de fato, é dar continuidade a ele. Desse modo, ele ocupa o lugar do que seria uma iniciação para algo maior, a saber: uma Pós-Graduação. Ele, na verdade, torna-se a base a partir da qual o assunto continuará a ser, aí sim, vasculhado por uma rede de autores presentes em todas, ou em muitas, pelo menos, de suas páginas. Autores outros que acrescentarão mais sustância, em termos de outras perspectivas, junto aos que, já citados, contribuíram para o disparo do alicerce de todas as colunas levantadas no corpo do texto apresentado ao longo desta iniciação. Em outros termos, é um trabalho de conclusão de curso e não um trabalho de conclusão. Primeiro, porque há muito que se pesquisar; segundo, porque há sempre ideias que ficam em aberto, questionamentos que, ficam sem respostas. Em terceiro lugar, porque toda "conclusão" pode terminar sempre em um recomeço. Então, novamente deixamos claro que nossa pretensão não é outra que abordar cada autor em particular e, em suas peculiaridades, realizar ou não as devidas conexões com as nossas próprias reflexões, fazendo-nos, nós próprios, sujeitos um pouco mais desse trabalho inconcluso.

Outro aspecto que afirmamos é que o desejo de continuarmos a trabalhar com esse assunto advém, também, de percebemos em nossas experiências, mais vale dizer vivências, que não são poucas as instituições familiares, e mesmo dentro de uma única escola, as díspares opiniões de como tratar com a morte, com o luto no mundo infantil. Isso nos fez perceber que são os adultos que carregam neles o problema maior do tabu, da insegurança, de não saberem lidar com a questão e, não temos dúvidas, passam isso para as crianças.

Portanto, os esclarecimentos feitos aqui são uma espécie de justificativa de modo de atuação que tivemos ao lidar de forma diferenciada com nossos referenciais teóricos, nossas construções reflexivas e nossa pesquisa por questionário, que objetivou constatar o que já esperávamos: uma falta de consenso a respeito de como tratar esse problema que envolve educação — morte — mundo infantil em uma mesma escola. Isso notamos nas duas escolas que, de certo modo, foram escolhidas por nos parecer uma amostra do que acontece em quase todas as escolas, senão em todas. Alguém duvida disso? E interessante, é que uma das escolas era uma escola confessional...

Esperamos que, apesar de todas as nossas limitações, tenhamos contribuído com algo a mais, como já mencionado, em termos de uma iniciação.

Sumário

Introdução

O presente trabalho tem como tema a morte, nos diversos tempos históricos e culturais, e seu impacto, hoje, no ambiente escolar.

Desde que se teve notícia das primeiras civilizações que habitaram a Terra, a morte, assim como a vida daqueles que aqui habitaram, sempre foi alvo de inúmeros estudos.

Através dos séculos, o homem levantou questões sobre a vida e a morte, independente do ponto de vista filosófico ou religioso. Quando nasce alguém, é habitual ouvirmos: "É o milagre da vida", porém, quando se trata da morte, o que se sente é medo, angústia. É um assunto ignorado, sobre o qual ninguém quer falar.

Como um fato tão costumeiro, que inevitavelmente atingirá a todos — independente de sua posição geográfica, socioeconômica, da idade e do sexo — pode causar tanto temor? Por que as pessoas negam a morte?

Nas civilizações ancestrais, a morte não era, de forma alguma, algo a se temer, mas uma consequência natural da vida. Os costumes funerários variaram muito, mas, em geral, a preservação da memória do morto sempre foi muito presente.

Na Grécia antiga, caso alguém cometesse algo muito ruim, ou caísse em desonra, a maior punição aplicada era a do esquecimento, isto é, apagar da memória quem tivesse praticado o ato. Nessa situação, a pessoa não tinha direito à tradição fúnebre. Ao ter sua história apagada, com sua lápide sem registro e sem receber as honrarias e homenagens póstumas costumeiras, era-lhe negada a perpetuação de sua lembrança, o que maculava sua identidade e existência. Para quem já leu a tragédia *Antígona*, de Sófocles, isso tudo fica muito claro.

Antígona, a personagem principal, entendia que era seu dever conceder as honrarias póstumas a seu irmão Policine, considerado inimigo de seu pai, o rei Creonte. Desafiando o rei, Antígona simula um enterro, mas sofre as consequências e cai em desgraça, tendo como pena capital ser enterrada viva. Por conta disso, termina por se suicidar.

Em se tratando da continuidade do assunto, e ainda pelo perfil histórico, porém não que tal coisa deixasse de acontecer em outros períodos, é perceptível em pesquisadores medievalistas que, nessa época, era bastante alto o número de casos em que as pessoas, sentindo a morte chegar, se resignavam e se cercavam daqueles que mais gostavam, aguardando, desse modo, a cessação do funcionamento do corpo. Em outras palavras: não morriam "sozinhas". Tudo era acompanhado de perto pelos familiares e entes queridos, incluindo as crianças, que participavam dessa espécie de ritual corriqueiro. As crianças, em meio a esse quadro de acontecimentos, aprendiam a ver a morte como algo natural, sem maiores tabus.

Na entrada da modernidade, as coisas parecem não ter mudado muito. Mas, em períodos de tempo em que a expectativa de vida era muito baixa e a mortalidade infantil era também altíssima, iniciou-se uma tentativa de, aos poucos, "poupar" as crianças do contato com o "mundo dos mortos". Mas isso era praticamente impossível de se esconder delas, pois as baixas ocorridas em guerra e as epidemias eram frequentes e gigantescas. Devido a todo esse processo, a forma como as pessoas encaravam a morte precisava mudar. Não eram poucos os que ficavam sem ter muito que explicar diante das crianças. E, mesmo atualmente, isso pode ser constatado em muitas famílias.

Assim, praticamente por necessidade, foram ocorrendo mudanças na postura da sociedade ao confrontar a morte no seu cotidiano vital. Nas sociedades tribais ou do campo, quando alguém morria, o fato era compartilhado por todos. Todos se reuniam à cabeceira do moribundo, fazendo as últimas despedidas e, esse, ciente do fim próximo, aceitava melhor sua condição. A diferença, entretanto, é que, nessas ações, não havia muito sentido em pedir para as crianças ficarem de fora, pois, de qualquer modo, elas faziam parte da família, da comunidade. E quando findavam os eventos fúnebres solenes, as pessoas voltavam às suas tarefas do dia a dia. O que valia também para o contingente infantil. Na realidade, a vida não parava, pois, para comerem e sobreviverem, era necessário que as pessoas trabalhassem. Não sobrava tempo para o lamento ou um luto prolongado. Em geral, todos tinham que seguir em frente.

Avançando na modernidade e mais próximo da contemporaneidade, com o crescimento populacional e o êxodo rural, com a revolução industrial e a manutenção da lógica capitalista, a sociedade centrou-se mais na busca pelo sucesso, dinheiro e longevidade. Diante disso, se já havia certo tabu para enfrentar a morte, que ficava restrita aos hospitais e às igrejas, a situação piorou. As pessoas deixaram de morrer e serem veladas em casa. E entra em cena o médico, não se dispensado o aspecto religioso. É ele quem "decide" sobre as condições de vida ou morte. Com tal mudança, o moribundo foi afastado de sua própria condição, com a desculpa da meta médica de poupá-lo do sofrimento. No fundo, por mais que haja diferenças nos períodos históricos, a morte nunca foi aceita naturalmente pelo homem e nunca deixou de ser uma das questões existenciais que mais o incomodam. Isso, apenas, se acirrou na contemporaneidade, piorando, é claro, a relação da criança com a morte.

Em uma sociedade na qual o importante é ser forte, saudável, jovem e bonito, conviver com a doença e a morte virou um problema. As pessoas passaram a viver tanto o hoje, o consumo, o individualismo, que, quando se deparam com a morte de alguém, é como se fosse algo extraordinário. A morte é transformada em estrangeira na sua própria casa, pois ela é desnaturalizada.

E as pessoas questionam: "Como isso aconteceu, por que isso aconteceu?". E frases como: "Ele era tão jovem, tinha uma vida pela frente", ou ainda, "Ela estava muito doente, talvez já fosse sua hora!". Como se não fosse passível de acontecer com eles mesmos. Ficam surpresos quando alguém morre, porque a sociedade reluta em aceitar a morte e enfrentar sua própria fragilidade e mortalidade.

Desde o nascimento, todos sabem que um dia morrerão, mesmo assim continuam a disputa contra o inevitável: brigam com a natureza. E passando, agora, para um tratamento mais íntimo do assunto entre nós, em primeira pessoa do plural, quando se trata de um ente querido, ao constatarmos que não teremos mais sua presença física, a dor da perda tem muito a ver com o fim da existência do ser amado. Constatamos que não será mais possível tocar ou conversar com aquele que se foi, o que, para nós, é uma situação difícil de encarar. Ou seja, nesse trabalho "não falamos de fora".

Sigamos com exemplos que percorrerão o trabalho. Padecendo de uma doença terminal, o indivíduo tem a possibilidade de resgatar suas dívidas emocionais com seus entes queridos, se eles estiverem por perto. Do contrário, o sofrimento e a dor inerentes ao contexto do corpo sobrepujarão ainda mais a alegria e a esperança do doente. Nesse sentido, com o alento da presença de entes queridos, de amigos, é possível perceber no paciente terminal que a morte passa a ser aceita por ele (ele não morrerá "sozinho").

Quanto aos que estão ao redor, o que acontece é que ninguém quer ver aquele que ama sofrer, e mesmo o sentimento egoísta de ter a pessoa sempre ao lado começa a se esvair. É mais fácil compreender a condição da pessoa e deixar que ela descanse em paz.

Mas como ficamos no caso da morte de crianças? Nesse caso, a morte natural ou causada por acidentes (automobilísticos, aéreos, etc.), em que a perda é abrupta e dolorosa, o processo de luto se dá por muito mais tempo. A aceitação por parte daqueles que ficaram é muito mais difícil de ocorrer e, mesmo após algum tempo, fica a sensação de que a morte veio cedo demais para o ser amado. Mas, a natureza e a força das situações, como a de acidentes, por exemplo, não fazem distinção de pessoas, de idades, entre outras... O que quase ninguém aceita... O que não aceitamos...

A própria visão de infância, inclusive, foi se modificando ao longo do tempo. No passado, não muito distante, crianças morriam antes de completar dois anos: por má nutrição, descaso e doenças. Se uma criança morria, logo era substituída por outra. Atualmente, as taxas de natalidade e de mortalidade infantil são bem menores, as relações familiares mudaram e a criança ganhou mais espaço e importância na família; embora vejamos, com frequência, em noticiários ou mesmo de perto, crianças exploradas, vítimas de abuso, agredidas e até assassinadas.

O que temos é que as crianças convivem com a morte o tempo todo. Na escola, quando estudam as grandes guerras, as doenças que se alastraram e os desastres naturais, é o que mais veem. Ou no ambiente familiar, por meio dos desenhos animados, filmes e livros infantis. A morte está sempre presente, porém insistimos e enfatizamos que é algo distante, difícil de acontecer. Por que será? Não há a preocupação em entender o que realmente se passa pela cabeça infantil quando falamos em morte, ou quando elas próprias perdem alguém. É o que parece.

Nós mesmos, ao sabermos que alguém morreu, porém que não nos é próximo, ficamos penalizados e logo esquecemos, até chegar a morte seguinte dos menos próximos. Não há uma empatia. Na verdade, ficamos aliviados pela morte não ter sido a nossa, ou a de alguém que amamos.

Ora, se buscarmos no passado algumas lições que nos foram deixadas, se pudermos compreender como os antigos lidavam com a morte, talvez conseguíssemos compreender e enfrentar nossos próprios medos, mais do que o atual sistema social nos oferece.

Destarte, o referente trabalho tem como finalidade contextualizar o tema de estudos sobre a morte, abordando os conceitos, práticas e problemáticas, visando à evolução da história da morte e como as organizações escolares abordam e lidam com a questão, porque isso muito interessa à Pedagogia E não deveria ser somente à Pedagogia... O comprometimento com a Educação é de todos!

Conceitos Históricos acerca da Morte

Sobre a morte, Mónica afirma:

> Há três formas possíveis de abordar a morte: a religiosa, a científica e a filosófica. A religiosa vê a morte como uma fase de transição, como o momento do julgamento e a entrada em outro mundo. A científica olha a morte como a extinção de um organismo, o momento que o ser humano deixa de existir. A filosófica considera-a como um fim que dever ser considerado em função da totalidade da vida. (MÓNICA, 2011)

Nesse capítulo serão exploradas as questões relativas à morte no contexto filosófico e espiritual, adentrando também nos pontos antropológicos referentes ao tema.

A filosofia do ser e da morte

O ser humano procurou, ao longo do tempo, responder questões relativas à sua existência: De onde viemos? Por que estamos aqui? Para onde vamos?

A filosofia e seus respectivos teóricos buscaram resolver, ou pelo menos dar um sentido, a questão do ser.

Em *Fédon* (1954), Platão, representante da filosofia metafísica, retrata os diálogos entre Sócrates — que havia sido condenado à morte, tendo como pena o suicídio pela ingestão de cicuta — e alguns de seus discípulos, incluindo Fédon e Echecrates. Platão não estava presente, pois segundo o relato, encontrava-se doente na ocasião.

> Porque não haveria senão este caso, entre todos os outros, que tivesse de ser simples, que não comportasse jamais para o homem, como os outros, qualquer dúvida, tanto em relação às circunstâncias como às pessoas, ou seja, saber se é melhor morrer ou viver? E como há pessoas para quem, de outro lado a morte é preferível, parecer-te-á provavelmente uma impiedade, da parte dessas pessoas, procurarem elas mesmas esse benefício; ao contrário, elas deveriam esperar por um benfeitor estranho! (PLATÃO, 1954)

O suicídio não era bem-visto na época, mas, para seus algozes, o maior castigo de Sócrates seria tirar a própria vida. Ele, por sua vez, entende o suicídio como uma forma de libertação, pois não teme a morte, acreditando que seja um meio de se livrar das amarras carnais (amor, fome, sede, frio). Uma vez liberto do corpo, poderá, então, exercer de forma pura a filosofia, e se alegra com isso.

Segundo Mónica (2011), "Platão condenou o suicídio, por considerar que um filósofo apenas deveria aceitar a morte quando ela chegasse", embora ele aceitasse o ato "no caso de o mesmo ser ordenado pelas autoridades, determinado por uma infelicidade extrema ou causado pela desonra pessoal".

Mónica (2011) continua afirmando que "a resposta mais consistente à posição de Platão veio dos estoicos, os quais aceitavam o suicídio como resposta à infelicidade". Os estoicos, tais como Cícero, Marco Aurélio e Sêneca, defendiam que, em caso de infâmia ou infortúnio, era facultado ao ser humano o direito de tirar a própria vida.

Sendo assim, Sócrates (PLATÃO) afirma que "não é verdade que o sentido da palavra morte é o de uma alma que foi separada e posta à parte do corpo". Para Sócrates, a morte é a separação da alma do corpo carnal.

Segundo Sócrates (PLATÃO), a inteligência vem da alma. O corpo é um meio de transmitir as sensações. Levar em consideração apenas o que se vê ou se toca, é não deixar que a alma raciocine direito. O sentido da filosofia é de se afastar de tudo o que é carnal e exercer o raciocínio puro, sem interferência.

> Estamos, pois, de acordo, também sobre esse ponto: tanto provêm os vivos dos mortos como os mortos dos vivos. Ora assim sendo já nos podia parecer isso uma prova bastante para admitir que as almas dos mortos existam em algum lugar, de onde tornam a nascer. (PLATÃO, 1954)

Ele estabelece uma relação. Se vemos e sentimos reações contrárias (frio e calor, força e fraqueza, dor e prazer), com a morte e a vida se dá o mesmo. Uma não existe sem a outra e, nesse ciclo, morremos e vivemos continuamente, e somente nossa alma permanece, é imortal.

Ao inferir que "de maneira que é, para nós, uma necessidade ter adquirido o conhecimento de todas essas cousas antes do nosso nascimento" (PLATÃO), Sócrates afirma que, alguns conhecimentos nós preservamos, mesmo após nossa morte, permanecendo num contínuo processo de aprendizado, pois defende a ideia de que a alma não pode, de maneira alguma, desaparecer junto com o corpo.

Com base nessas afirmações, Sócrates busca, também, refletir sobre o retorno da alma:

> Mas essa corporeidade, meu caro, não podemos duvidar, pesa; é coisa grave, terrosa, visível! [...] ela andara entre os monumentos funerários e as sepulturas, em volta dos quais, é um fato, já se viram espectros e sombras de almas [...] (PLATÃO, 1954)

As almas que não buscaram a compreensão e a pureza, e permaneceram atadas ao corpo terreno e às paixões carnais, tendem a vagar entre os vivos.

> Quanto aqueles para quem a injustiça, as tiranias e rapinas são cousas de maior valor, tomarão o corpo nas formas de lobos, falcões, milhafres. (PLATÃO, 1954)

E se foram muito apegadas à matéria, às riquezas, às paixões, se roubaram, se foram más, voltam como animais "bestiais", se guiando por seus instintos primários:

> de acordo com o que foram, para qualquer espécie de animal sociável e pacífico, como, por exemplo, as abelhas [...], ou, então, voltarão para a sua primeira forma humana, para dar nascimento aos homens de bem. (PLATÃO, 1954)

Sócrates afirma que almas que foram boas, que trabalharam o bem, mas que não procuraram conhecimento e tampouco exercitaram o desapego, tendem a voltar em animais úteis ou tranquilos, ou ainda retornar na forma humana.

> Assim a alma do verdadeiro filósofo, reconhece que nada deve fazer de contrário à sua libertação, e desse modo ela se mantem afastada dos prazeres, e também dos desejos, das dores, dos terrores, tanto quanto puder. (PLATÃO, 1954)

Da morte não se deve ter medo, pois liberta a alma, sendo possível ver as coisas como elas realmente são. Se o indivíduo consegue renunciar ao apego do corpo, não temerá sua perda. Sócrates se sente tranquilo e feliz com a proximidade da morte, pedindo que os outros assim também o sintam. Não se trata apenas de defender o que ele acredita que lhe acontecerá após a morte, mas a ideia de que a verdadeira imortalidade do homem está na alma, e o corpo, nada mais é, do que um mero invólucro.

> Diz-se, ao contrário, que sem a posse de osso, de músculos, e de tudo o mais, eu estaria habituado a realizar meus desígnios? Essa seria a verdade. Mas dizer que é por causa disso que eu faço o que faço, e que fazendo-o eu ajo com meu espirito, sem que isso seja da minha parte escolha do melhor, seria, na verdade, usar das palavras de maneira insensata! (PLATÃO, 1954)

Se todos os nossos atos vêm da alma, para Sócrates, proferir que o que fazemos vem primeiro do corpo, é algo inadmissível.

> Era em algo deste gênero que eu, por minha vez, pensava: receei tornar-me completamente cego da alma, pondo assim os olhos sobre as cousas e esforçando-me, por meio de cada um dos meus sentidos, para entrar em contato com elas. Pareceu-me desde então indispensável refugiar-me do lado das ideias e procurar nelas, a verdade das cousas (PLATÃO, 1954)

É claro que não existe uma prova concreta, física, sobre a vida após a morte. Para Sócrates, o que se dá é uma discussão no campo das ideias. Não há um retorno do corpo. Se o corpo morre, assim permanecerá. Tudo tem o seu contrário, e o contrário da vida é a morte, mas a alma é imortal, e não desaparece com o fim da vida.

> Se a alma é verdadeiramente imortal, ela precisa do nosso cuidado, não somente durante o tempo que chamamos de vida, mas durante toda a totalidade desse tempo. E depois do que se disse,

> não cuidar dela, segundo parece, seria um grave perigo. (PLATÃO, 1954)

Discorrendo sobre a necessidade de se cultivar bons hábitos para a alma, Sócrates sustenta que a verdadeira salvação da alma está na busca pela sabedoria.

> A alma nada mais leva consigo, ao chegar ao Hades[1], do que a sua formação moral e seu modo de vida [...] o que mais beneficia ou prejudica a quem morre, desde o começo de sua viagem para o além. (PLATÃO, 1954)

Sócrates estabelece que, se a morte fosse realmente o fim de tudo, então não haveria coerência entre existir pessoas boas e más, pois todas teriam o mesmo fim. A alma, de acordo com o que foi (boa ou má) é julgada e condenada, para depois retornar e se redimir daquilo que foi.

> Assim, a alma dotada de prudência e sabedoria e tão obediente quanto isenta de ignorância a respeito do que lhe acontece. Aquela que, ao contrário, se apega apaixonadamente ao corpo, como já expus, e que teve esse por centro de seus violentos transportes, assim como a região visível, essa alma, só depois de muita resistência e muita provação, parte, arrastada a força e com dificuldade pelo Gênio encarregado dessa missão. (PLATÃO, 1954)

As almas boas entendem a morte e vão para o Hades de livre e espontânea vontade, ao passo que, aqueles que foram maus e não exercitaram o desapego e a boa consciência, ficam "presas" ao seu corpo para somente depois serem levadas ao Hades, onde pagarão por suas culpas.

---

1. Mundo dos mortos, segundo a mitologia grega.

> Aqueles que, cuja vida tiver sido reconhecida como de grande santidade, são logo libertados desses lugares terrenos como cárceres, e chegam as alturas da mansão pura, habitando acima da terra! (PLATÃO, 1954)

Sócrates acreditava que a Terra tinha muitos níveis. Os que realmente foram bons e desapegados e exercitaram a consciência e os saberes — em especial os filósofos — são aqueles que vão para o chamado "céu".

De acordo esse pensamento, a proximidade da morte não abala Sócrates, que inclusive desdenha o que será feito de seu corpo, pois tem a consciência de que esse não lhe pertence mais, e que não sofrerá nem sentirá mais dores.

Há uma real preocupação de que sua morte não seja lamentada e que, depois dos esclarecimentos, seus discípulos não fiquem entristecidos com sua partida, pois ele a espera com tranquilidade e alegria. Ele bebe o veneno com resignação, sabendo que adiar o momento de sua morte pouco adiantará.

Apesar disso, todos choram no momento em que ele ingere o veneno, pois os homens sentem a dor da perda, como é característica de todos nós. E assim deu-se a morte de Sócrates.

Notamos aqui, a necessidade em pensar a origem humana e seu consequente fim. Mesmo antes do nascimento do cristianismo, já se buscavam explicações sobre o que aconteceria após a morte.

Em contraponto a essas ideias, encontramos Schopenhauer. Considerado por muitos um pessimista, compartilhava com Sócrates a ideia de que a morte está intrinsecamente ligada à filosofia, pois é a certeza da morte que faz o homem buscar o conhecimento (pelos questionamentos humanos e a busca por respostas, o homem vai acumulando sabedoria e se despojando dos prazeres terrenos) e, consequentemente, enriquece sua alma. Mas as semelhanças param por aí. Ele não acredita na ressureição da alma. O corpo e a energia que o move, volta para a natureza, eis aqui, para o autor, a verdadeira imortalidade.

Em seu livro, *Da Morte, Metafísica do Amor, Do Sofrimento do Mundo*, Schopenhauer discorre sobre o medo da morte:

> O animal vive sem ter conhecimento da morte [...]. Entre os homens surgiu, com razão, por uma conexão necessária, a certeza terrível da morte. Mas, como sempre na natureza a todo mal é dado um remédio, ou pelo menos uma compensação, então essa mesma reflexão, que nasce da ideia de morte, também nos leva a concepções metafísicas consoladoras, das quais a necessidade e possibilidade são igualmente desconhecidas ao animal. (SCHOPENHAUER, 2011)

Os animais na natureza nascem, crescem e morrem. É o ciclo da vida, inerente também aos seres humanos. Mas, se um animal morre na natureza, porque serviu de alimento a outro, ou porque após a procriação finda sua necessidade em continuar vivendo, uma vez que garantiu a sobrevivência da espécie, para o homem é tudo encarado de maneira muito natural. Porém, quando se trata de sua própria morte, surgem as especulações. O homem pode imaginar e afirmar o que acha que acontece após a morte, mas sua sabedoria nesse sentido é comparada à do animal.

Na busca por esclarecimentos — independente das considerações religiosas ou filosóficas — sobre o que acontece *post-mortem*, o homem tende a se aproximar daquelas justificações com as quais se sente mais confortável e seguro. Contudo, em algum momento, tende a questionar essas explicações, pois de acordo com Schopenhauer, "difere bastante, porém, o grau em que se atinge esse fim" e "sem dúvida uma religião ou filosofia capacitará melhor do que outra o homem a mirar a face da morte de um modo tranquilo".

O autor critica a contradição da sociedade europeia da época em atribuir a própria existência a outro — nesse caso à religião cristã e à ideia do Deus criador — mas, ao mesmo tempo, alegar que veio do nada e que ao nada voltará.

> Assim, encontramos na Índia, uma confiança na morte, e um menosprezo por ela, dos quais não se encontra nenhuma noção na Europa [...]. Ensinar-lhe, por exemplo, que há instantes veio do nada, que portanto por toda uma eternidade ele não era nada, e malgrado isso, no futuro será imortal, é como ensinar-lhe que, embora seja ele a obra de um outro, no entanto deve ser responsável por seus atos e condutas por toda a eternidade. (SCHOPENHAUER, 2011)

Para Schopenhauer, se alguém nos criou, e segue a linha de pensamento cristã, seria realmente incrível que nos criasse para viver algum tempo predeterminado e depois simplesmente nos exterminasse (não só a nós, seres humanos, mas a todo ser vivente) para depois criar outros. Quando o homem se confronta com essa incoerência, tende a se tornar materialista, vivendo cada dia como se fosse o último, buscando o prazer e as alegrias terrenas: *edite, bibite, post-mortem nulla voluptas* [2].

> No entanto, considerando tudo o que foi ensinado sobre a morte, é incontestável que, pelo menos na Europa, a opinião dos homens, e muitas vezes de um mesmo indivíduo, fique mais de uma vez a oscilar entre a noção de morte como

2. Do latim: Comer, beber, depois da morte não há prazer.

> aniquilação absoluta e a crença de que somos imortais [...]. As duas concepções são igualmente falsas [...]. (SCHOPENHAUER, 2011)

Apesar das crenças impostas, o indivíduo tende a se perguntar até que ponto são verdadeiras e buscar respostas. Em conformidade com esse pensamento, Schopenhauer alega que as questões da vida e da morte vão muito além do que nos permitimos pensar. A vontade rege o ser humano, e ele busca preencher suas necessidades. A vontade de saber o que nos impulsiona leva aos questionamentos.

> Um primeiro fato incontestável se apresenta a nós: de acordo com a consciência natural, não é somente em relação a si próprio que o homem teme mais a morte que qualquer outro mal; ele deplora vivamente a morte dos seus, e manifestamente não é de uma forma egoísta, por causa de sua perda própria, mas pelo grande mal que sucede a outrem. (SCHOPENHAUER, 2011)

Podemos partir para dois pontos. Primeiro, o homem já sabe que, inevitavelmente, sua morte ocorrerá, por mais que ele negue ou tente adiar o encontro, mas é muito mais difícil pensar na morte daqueles que amamos, no que na nossa própria. É claro que esse tipo de pensamento foi se estabelecendo ao longo dos séculos, no qual o homem, por força da mudança dos hábitos, passou a criar mais laços, principalmente no que diz respeito à família. Lidar com a perda e com o fato de que não veremos mais a pessoa amada é para muitos algo muito difícil até de se pensar.

Segundo, a morte é encarada como algo terrível, e aquele que caiu em seus braços é digno de dó e lamentação. A morte, independente do apoio religioso ou filosófico no qual o homem se escora, é entendida como um mal, como o desconhecido, e não como uma consequência natural da vida.

Portanto, o medo real não está no fim do funcionamento de nossos órgãos e putrefação de nosso cadáver. O medo reside no que nos aguarda *post-mortem*.

> De fato, o temor da morte é independente de todo o conhecimento, pois o animal o possui, ainda que não conheça a morte. Tudo o que nasce já o traz consigo. Esse temor da morte a priori é justamente o reverso da vontade de vida, fundo comum de nosso ser. [...] Por que o animal foge, treme e procura se esconder? Porque ele é pura vontade de vida, mas como tal, destinado a morte, quer ganhar tempo. Por sua natureza, o homem não é diferente. [...] O apego ilimitado a vida, que se mostra aqui, não pode provir do conhecimento e da reflexão. (SCHOPENHAUER, 2011)

Os animais, assim como o homem, já nascem com o instinto de proteção e sobrevivência. Um animal ameaçado se sente acuado e foge, pois teme por sua vida. Com o homem também é assim, a diferença está na capacidade de o homem pensar e agir de forma diferente. Obviamente uma pessoa que corre o risco de ser atingida por uma bala de revólver ou ainda atropelada, terá o instinto de se proteger e manter sua vida. A diferença está naqueles que acham sua vida algo tão extraordinário, que temem a morte e sofrem ao saber de sua chegada.

Ao contrário de Sócrates, para Schopenhauer, o homem dotado de sabedoria não teme a proximidade do fim, não porque o abjugará do corpo, mas porque entende que seu corpo nada mais é do que material orgânico que retorna à origem.

> Dessa forma, aquele poderoso afinco à vida, é cego e irracional; o que se pode explicar é somente o fato de que, em si mesmo, todo o nosso ser, já é vontade de vida, para o qual esta

> vida, pois, tem que valer como bem supremo, por mais amarga, breve e incerta que ela possa ser; e pelo fato de que a vontade, em si e em sua origem, é cega e desprovida de conhecimento. (SCHOPENHAUER, 2011)

O que impulsiona os homens, assim como os animais, Schopenhauer denomina vontade. No caso dos animais, essa vontade é irracional, movida por instintos primários: comer, beber, se reproduzir e viver. No homem também é assim, mas esse dispõe da possibilidade de refletir e adquirir conhecimento. Daí a sua necessidade de transformar esses instintos e sublimá-los pela sabedoria, podendo encarar as questões de vida e morte de forma muito mais natural.

Schopenhauer nos leva a ponderar sobre as dificuldades da vida (as pessoas passam fome, adversidades, sofrem), mas que, mesmo assim, o ser humano tem esse apego à vida; isso é intrínseco a ele. O problema é fazer desse apreço algo que mova sua própria existência, pois, ao sentir a chegada da morte, o homem se desespera, por fazer de sua própria vida algo tão importante, temendo seu fim.

> Se o que faz a morte nos parecer tão assustadora fosse a ideia do não ser, então deveríamos experimentar o mesmo temor diante do tempo que ainda não éramos. [...] Toda uma infinidade de tempo fluiu quando ainda não éramos, mas isso não nos aflige de modo algum. (SCHOPENHAUER, 2011)

O autor nos coloca uma observação curiosa. As pessoas têm medo do que acontece após a morte. Mas não temem o que era delas antes de serem concebidas. É um paradoxo interessante, pois, se dependendo da religião vamos para algum lugar após morrermos, obviamente viemos também de algum lugar.

As questões de vida e morte, conforme Schopenhauer, são respondidas de outras formas. O homem é regido por uma força, mas essa força (energia) está ligada às questões das forças naturais e não à imortalidade da alma, uma vez que ele não crê na existência de alma.

Sua crítica às religiões provém da ideia que "também a esperança de uma imortalidade da alma vem sempre ligada à de um mundo melhor, prova de que o mundo presente não vale muita coisa." (2011), uma vez que, as doutrinas religiosas, em geral, buscam apaziguar os medos dos homens, explanando que, na vida após a morte, é que se encontrará a paz.

> Assim, o tornar-se não ser não pode nos afetar, da mesma forma que o não ter sido. Do ponto de vista do conhecimento, o medo da morte parece carecer de fundamento: ora é no conhecimento que existe a consciência; a morte para a consciência, portanto, não é um mal. Assim na verdade não é essa parte cognoscente de mim que teme a morte; é somente a vontade cega, que preenche todo o conhecimento, que procede a *fuga mortis*[3]. (SCHOPENHAUER, 2011)

Se o homem tem sabedoria, logo não teme a morte. Não sentimos nada, não recordamos o que nos ocorreu *pré-natus*[4], e não temos nenhum medo disso, logo não devemos temer o que nos ocorre *post-mortem*.

O autor esclarece que medos profundos à respeito da morte não vêm da nossa sapiência e consciência, mas do nosso instinto e da nossa vontade, que deseja permanecer vivendo, mesmo porque, para Schopenhauer, quando cessam as atividades cerebrais e orgânicas, são interrompidas também nossas percepções e reflexões acerca do mundo e das coisas.

---

3. Fuga da morte.
4. Antes de nascer.

Nesse sentido, tentar imaginar o fim da existência, a destruição do corpo, para muitos, é algo terrível de se pensar.

Para abrandar o sentimento de medo diante da morte, Schopenhauer explica que se é a consciência que nos faz sentir medo, essa é a primeira a ser perdida no processo da morte, por conseguinte, se a consciência é uma consequência do funcionamento do corpo físico e não ao contrário, a morte se compara ao sono, e não sentimos dor, nem medo ao entrar nesse estado.

> E se, o sono é o irmão da morte, o desmaio é seu irmão gêmeo. Também a morte violenta não pode ser dolorosa, pois feridas, mesmo as graves, em geral não são sentidas imediatamente [...]. Assim também, todos os que perderam a consciência na agua, ou por vapores de carvão ou estrangulamento, ao acordarem dizem, como se sabe, que a desaparição da consciência acontece sem dores. E por fim, a morte propriamente natural, a morte causada por velhice, a eutanásia, é um desaparecer gradativo, um dispersar da nossa consciência que acontece sem sentirmos. (SCHOPENHAUER, 2011)

Comparando a morte ao sono, o autor tenta esclarecer o que acontece após a morte. Apesar de, na primeira fase do sono realmente perdemos a consciência, hoje é sabido que durante a sua fase REM, acontecem os sonhos, sinal inegável de que nosso subconsciente continua trabalhando, mesmo após dormirmos.

No caso da velhice, é fato que chegada a hora da morte, muitos idosos encontram-se completamente fora de si, já não discernindo o real do irreal. Porém não podemos deixar de levar em consideração aqueles que permanecem extremamente lúcidos e, quando os órgãos entram em falência, demonstram algum tipo de dor ou desconforto.

> Aqui, deve-se notar, ainda, que a conservação das funções vitais, ainda que repousem em um fundamento metafisico, não ocorre sem resistência e, consequentemente sem fadiga. É a essa fadiga que o organismo sucumbe todo fim do dia [...]. Conclui-se daí que o cessar completo das funções vitais deve proporcionar um alívio singular à força motriz que o dirige, o que talvez tenha participação na expressão de doce satisfação na maioria dos mortos. (SCHOPENHAUER, 2011)

Schopenhauer não nega, aliás, ele afirma que deve haver algo que nos impulsiona. Uma força motriz que nos impele a viver e que não desaparece com a morte, e compara a morte ao último sono, o sono eterno no qual o corpo embarca para o descanso de toda uma vida.

> Para todos os que, no curso de sua existência ou de seus esforços, deparam com obstáculos intransponíveis, para todos os que sofrem de doenças incuráveis ou desgostos inconsoláveis, existe um derradeiro refúgio, que, muitas vezes se oferece por si mesmo [...]. (SCHOPENHAUER, 2011)

Apesar de a moral e de a religião pregarem que o suicídio é algo terrível de se cometer contra o próprio corpo, Schopenhauer, assim como Sócrates, não vê nele mal algum, embora alegue que só deva ser efetivado, considerando anteriormente os prós e os contras. Para o autor, é muito natural que, se o individuo não está conseguindo "viver a vida", tirar a própria não é problema algum, uma vez que, sendo uma força, não sofrerá nenhum tipo de consequência.

> Tampouco há razão para concluir que, por ter a vida orgânica cessado, também aquela força que nela até então atuava tornou-se nada, da mesma forma que não se deve concluir a morte do fiandeiro da imobilidade da roda de fiar. Se, mediante o reencontro do seu ponto gravitacional, um pêndulo finalmente chega ao repouso, perdendo assim a aparência de vida individual que o animava, então pessoa alguma irá supor que a gravidade foi reduzida a nada. (SCHOPENHAUER, 2011)

Valendo de conceitos da física, o autor explica que não é porque o corpo físico está morto, que a força que o movia está extinta também. Assim como o pêndulo parado sofre o principio da inércia, o corpo morto tem um principio que age sobre ele (forças naturais), que não feneceu com a matéria orgânica.

A força motriz que nos impulsiona não se extingue independente do nascimento e morte. Como Schopenhauer tinha um princípio baseado no budismo, para ele era muito natural que passemos por sucessivas vidas — metempsicose — num contínuo processo, que não necessariamente envolve a imortalidade da alma no sentido espiritual. O corpo morto se transforma, passa para outro estado, a matéria se incorpora de outras formas à natureza. Aqueles que entendem tal processo, conseguem aceitar melhor a morte.

> Quem, ao contrário, por uma capacidade de espírito maior e potente, começa a vislumbrar nos seres particulares o seu princípio geral e as suas ideias, esse também participará em um certo grau de convicção, e a discerni-la como de uma verdade imediata e, por conseguinte, certa. De

> fato, são apenas as cabeças pequenas e limitadas que temem seriamente na morte a destruição total do ser: dos espíritos privilegiados tal medo fica completamente afastado. (SCHOPENHAUER, 2011).

Na própria natureza, e nos seres que a habitam, encontramos as respostas para nossa própria existência. O menor ser tem importância, no *habitat* que lhe é reservado. Tudo na natureza são ciclos (da lua, da água, etc.), e conosco não é diferente. Nascemos e morremos. O fim de nossa existência dá lugar a outros. Quão restritos mentalmente são os homens que se acham superiores em relação aos outros animais, para crer que somente eles e suas consciências permanecem.

Portanto, para Schopenhauer (2011), "tudo não dura mais do que um momento sobre a terra e corre para a morte." E continua, "também os povos permanecem como indivíduos imortais, mesmo se às vezes mudam de nome." Ou seja, a imortalidade dos homens está na continuação de sua espécie, na manutenção das gerações, que vão aprendendo e crescendo num sucessivo processo. Eis a verdadeira eternidade.

O autor afirma que para que o indivíduo possa enxergar uma finalidade na sua existência, uma razão de se deitar e levantar todos os dias, ele coloca tanta importância no seu próprio ser. A existência pela existência fica vazia, então tentamos encher nossa vida de sentido e, quem sabe, uma subsistência pós-morte.

> Teremos sempre noções falsas sobre a indestrutibilidade de nosso verdadeiro ser pela morte, enquanto não nos decidirmos a começar estudar tal característica nos animais, em vez de arrogarmos apenas a nós uma indestrutibilidade especial, sob o ambicioso nome de imortalidade. (SCHOPENHAUER, 2011)

Nos julgamos seres superiores, como donos de um intelecto e da capacidade de manusear as mais diversas ferramentas. Esse sentimento bloqueia a capacidade de enxergar nossa similaridade com qualquer animal existente na face da Terra, e nos sentimos insultados se é feita tal comparação.

Schopenhauer não só nos compara aos demais animais, como demonstra nossa arrogância em achar que somos seres únicos e que, como tal, teremos um destino diferente dos demais.

> Dessa consciência mais íntima e profunda de sua natureza imperecível, deriva também a segurança e a tranquilidade de ânimo com a qual todo indivíduo, animal ou mesmo humano, caminha sem inquietação por entre mil perigos capazes de destruí-lo a todo momento, e que, ademais, o levam ao encontro da morte. (SCHOPENHAUER, 2011)

Temos mecanismos de defesa e autoproteção. Mas se o temor da morte fosse uma constante, nem ao menos sairíamos de casa, ou pior ainda, ficaríamos o tempo todo imóveis, com medo de que algo colocasse fim à nossa vida. A vontade de viver, e a certeza íntima que algo nos espera após a morte, faz com que o ser humano se levante todas as manhãs. Em observância a esse comportamento, Schopenhauer alega que é uma forma de continuarmos vivendo.

> A essência íntima de cada animal, e também do homem, encontra-se em conformidade com isso na espécie; é na espécie, e não no indivíduo, que se enraíza com tanta força e energia a vontade de vida. No indivíduo, pelo contrário, encontra-se apenas a consciência imediata: daí a ilusão de presumir-se diferente da espécie, e de então, temer a morte. (SCHOPENHAUER, 2011)

Para dar um sentido à própria existência, o homem se encarrega de criar alternativas para o fim do eu. Cria-se a imagem do ser superior e importante, que não pode só estar aqui para dar continuidade, mas que nasceu para fazer algo grandioso e importante.

O que tem que ser feito só o pode ser durante nossa existência, sem cairmos na armadilha do materialismo. Schopenhauer elucida que podemos fazer o bem, podemos deixar nossa marca no mundo, individualmente, mas que no fim, a morte é só a morte.

> Mas para quem considera o nascimento do homem como o seu começo absoluto, a morte tem de ser o fim absoluto [...]. A hipótese de que o homem é criado do nada conduz necessariamente à de que a morte é seu fim absoluto. Nesse ponto, por conseguinte, o Antigo Testamento é no todo consequente, pois uma criação tirada no nada não admite nenhuma doutrina de mortalidade.
>
> [...]
>
> O bramanismo e o budismo, ao contrário, muito consequentes com eles mesmos, admitem ao lado da continuação da existência após a morte uma existência antes do nascimento, da qual a vida presente se destina a expiar faltas. (SCHOPENHAUER, 2011)

Cada um pode buscar suas próprias respostas: sobre o que é, de onde vem e para onde vai. Schopenhauer defende que se vamos buscar respostas, então que elas sejam coerentes. O homem como ser pensante, ora ou outra, vai se deparar com as falhas da doutrina religiosa escolhida.

Nesse sentido, as religiões podem servir para dar um norte àqueles que ainda não compreenderam o sentido real de nossa existência e ajudar a passar pelos períodos difíceis e felizes de nossa vida.

> Sem dúvida, poder-se-ia afirmar que nosso ser em si persiste após a morte, porque é falso que ele morra; porém, pode-se muito bem supor que nosso ser morra, porque é falso que ele perdure: no fundo uma afirmação é tão verdadeira quanto a outra [...]. Nesse sentido, a morte permanece um mistério. (SCHOPENHAUER, 2011)

A despeito de todas as questões levantadas aqui, o próprio autor alega que uma vez que não temos clareza real do que somos ou deixamos de ser, apesar de todos os questionamentos e reflexões acerca do assunto, no final, tudo são especulações, pois não sabemos realmente o que vai acontecer.

> Em geral, a morte de todo homem de bem é doce e tranquila, mas morrer sem má vontade, voluntariamente, morrer satisfeito, é privilégio do homem resignado, daquele que renuncia a vontade de vida, e a nega: pois ele só que uma morte real, e não apenas uma aparência; por conseguinte, não precisa e não exige permanência alguma de sua pessoa. (SCHOPENHAUER, 2011)

Entender que morrer é natural, que o fim do "eu" não significa o pior dos horrores, seria um grande passo para o homem em direção a uma vivência melhor, mais pautada no que podemos fazer aqui e agora, não no sentido do apego aos prazeres terrenos, mas como uma forma de, digamos, melhorar o mundo em que vivemos, e com a consciência de ter feito o melhor enquanto vivíamos, não deixaríamos margem para temer ou repelir a morte.

As transformações históricas e sociológicas da morte

A filosofia, como vimos no capítulo anterior, se pautou na busca por respostas sobre a existência do homem.

O tempo passou, as relações humanas foram se modificando e as atitudes perante a morte também.

A abordagem, nesse capítulo, é baseada nas transformações históricas e sociológicas da morte, tendo em Philippe Ariès, na obra *História da Morte no Ocidente*, o suporte teórico para as alterações ocorridas no espaço/tempo a respeito do *memento mori*[5].

> Comecemos pela morte domada. Perguntemo-nos primeiro como morriam os cavaleiros da gesta ou dos mais antigos romances medievais [...]. Primeiramente são advertidos. Não se morre sem ter tido tempo de saber que se vai morrer [...]. (ARIÈS, 2003)

Ariès esclarece que, antigamente, as atitudes diante da morte eram diferentes. Um cavaleiro ou um guerreiro, quando sabia que ia morrer, se resignava e aguardava a morte com coragem, como algo natural do qual não se pode fugir.

> Sabendo de seu fim próximo, o moribundo tomava suas providências. [...] Quando Lancelot, ferido e perdido na floresta deserta, percebe que "perdeu até o poder sobre seu corpo", pensa que vai morrer. Que faz ele então? Gestos que lhe são ditados pelos antigos costumes, gestos rituais que devem ser feitos quando se vai morrer. Despoja-se de suas armas, deita-se sabiamente no chão [...]. Estende seus braços em cruz – o que não era habitual. Era de costume estender-se

5. Lembre-se que vai morrer.

> de modo que a cabeça estivesse voltada para o oriente, em direção a Jerusalém. (ARIÈS, 2003)

Percebemos, nos costumes antigos, que o próprio moribundo, ao perceber a chegada de sua morte, se prepara — física e psicologicamente — para o que está por vir. O fato de se deitar e aguardar a morte mostra que essa não era ignorada nem temida. Era aguardada e aceita.

> Em *Roncevaux*, o arcebispo Turpin espera a morte deitado, "sobre seu peito, bem no meio, cruzou suas mãos brancas tão belas". É a atitude das estátuas jacentes a partir do século XII. No cristianismo primitivo, o morto era representado de braços estendidos em atitude de oração. (ARIÈS, 2003)

Ariès elucida a origem cristã no modo em que dispomos o cadáver de nossos entes querido no caixão. Deitado de costas para cima, com as mãos cruzadas no peito.

De acordo com Ariès (2003) "o primeiro ato é o lamento da vida, uma evocação triste, mas muito discreta, dos seres e das coisas amadas, uma súmula reduzida a algumas imagens". Ao perceber que vai morrer, o moribundo passa por algumas fases. Essa primeira trata da constatação do que ele fez na vida e no que não vai mais poder fazer. Não verá novamente as pessoas que ama, nem levará consigo objetos pessoais apreciados. É a constatação do fim da vida terrena e de tudo que o cerca.

Assim, "após o lamento da nostalgia da vida, vem o perdão dos companheiros, dos assistentes, sempre numerosos, que rodeiam o leito do moribundo." (2003). O moribundo tem a oportunidade de fazer seu *mea-culpa*, seus resgates. É a fase do pedir perdão por tudo o que já foi feito e por aquilo que ele não terá mais chance de fazer.

Por fim, conforme o autor esclarece "é tempo agora de esquecer o mundo e de pensar em Deus" (2003). Depois da despedida da vida, dos familiares e dos amigos, o moribundo se liberta das amarras da vida terrena e parte para pedir a Deus que permita sua entrada no paraíso. Expiam-se a culpa e os pecados.

> Paremos por aqui e tiremos algumas conclusões gerais. A primeira já foi suficientemente destacada: a morte é esperada no leito "jazendo no leito", enfermo.
>
> A segunda é que a morte é uma cerimônia pública e organizada. Organizada pelo próprio moribundo, que a preside e conhece seu protocolo. (ARIÈS, 2003)

Ariés constata a ausência do medo da morte. A pessoa sabe que vai morrer, tem tempo de se despedir de seus entes queridos e ela mesma comanda o tempo de que vai dispor para cada uma, para finalmente descansar em paz.

> Era importante que os parentes, amigos e vizinhos estivessem presentes. Levavam-se as crianças – não há representação de um quarto moribundo até o século XVIII sem algumas crianças. E quanto se pensa nos cuidados pensados hoje em dia para afastar as crianças da morte! (ARIÈS, 2003)

O autor chega a uma conclusão. Se antes a criança participava dos ritos fúnebres de forma corriqueira e natural, hoje afastamos as crianças de qualquer contato com a morte. De forma que, passados dois séculos, a visão que temos de morte mudou muito.

> Em um mundo sujeito à mudança, a atitude tradicional diante da morte aparece como uma massa de inércia e continuidade. A antiga atitude segundo a qual a morte é ao mesmo tempo familiar e próxima, por um lado, e atenuada e indiferente, por outro, opõe-se acentuadamente à nossa, segundo a qual a morte amedronta a ponto de não ousarmos dizer seu nome. Por isso chamarei aqui essa morte familiar de morte domada. Não quero dizer com isso que anteriormente a morte tenha sido selvagem, e que tenha deixado de sê-lo. Pelo contrário. Quero dizer que hoje ela se tornou selvagem. (ARIÈS, 2003)

Não tem a ver com o tipo de morte que poderemos vir a ter, mas com a forma que entendemos a morte. Antigamente, as pessoas eram menos esclarecidas e os recursos menores, mas é surpreendente a forma como encaravam a morte. A morte é domada, pois ela não causa medo, nem terror, ela é uma consequência natural da vida e, como tal, não pode, nem deve causar espanto. O homem domina a morte no sentido de entendê-la. Hoje é diferente, a morte é selvagem, pois o terror que causa nas pessoas é tão grande, que toca os nossos sentimentos mais primitivos e animalescos: a fuga, a raiva, a negação. O homem de hoje, nem de longe lembra o de ontem, pois, quanto mais nossa sociedade avançou no sentido tecnológico, mais ela se afastou das questões primordiais da vida, incluindo a morte. Apesar disso:

> O mundo dos vivos deveria ser separado do mundo dos mortos. É por isso que em Roma a lei das Doze Tábuas proibia o enterro *in urbe*, no interior da cidade. O código Teodosiano repete a mesma proibição, a fim de que seja preservada a *santictas* das casas dos habitantes. A palavra

> *funus* representa ao mesmo tempo o corpo morto, os funerais e o assassinato. *Funestus* significa profanação provocada por um cadáver. Em francês resultou na palavra *funeste* (funesto). (ARIÈS, 2003)

A cultura de enterrar os mortos é muito antiga, e apareceu como uma forma de afastar os vivos dos mortos. Apesar de reverenciarem seus mortos, os antigos não viam com bons olhos o fato de suas sepulturas ficarem perto das casas. Uma vez a pessoa morta, seu corpo deveria ser afastado dos vivos.

> Contudo, o hábito denunciado por São João Crisóstomo deveria se impor e se difundir, apesar das proibições do direito canônico. Os mortos entrarão nas cidades, de onde estiveram afastados durante milênios. (ARIÈS, 2003)

Ariès examina o hábito de enterrar os mortos não só fora das cidades, mas também dentro das igrejas. Esse costume não veio tanto do Cristianismo, como podemos pensar, mas dos mártires de origem sul-africana.

Mesmo assim, com a expansão das cidades e o crescimento da população, foi impossível deixar os mortos longe dos vivos. Com o tempo, os cemitérios passaram a se localizar dentro das cidades, e esse fato foi sendo encarado com naturalidade.

Paralelamente a isto, Ariès constata que nos séculos XVI a XVIII, o costume de enterrar os mortos era um pouco diferente do de atualmente. Se hoje existe basicamente um padrão nos velórios e enterros na sociedade ocidental, antigamente havia uma clara separação entre pobres e ricos. Enquanto os pobres eram enterrados em valas comuns, somente envoltos no sudário, os ricos eram enterrados dentro das igrejas, em seus caixões, embora não houvesse monumentos (estátuas, esculturas e nem jazigos ornamentados). Nesse ponto, é possível entender que não há uma preocupação com a memória do defunto. Durante a passagem dos séculos, foi dada maior ou menor importância à memória dos mortos. Somente com o surgimento da burguesia é que se passou a tentar conservar mais a lembrança dos que se foram.

As pessoas mais pobres, aliás, vindas do campo para os grandes centros urbanos da época, não tendo onde morar, passaram a habitar os cemitérios.

> Também nesse asilo intitulado cemitério, onde se enterrava ou não, decidiu-se construir casas e habitá-las. O cemitério designava então, senão um bairro, ao menos um quarteirão de casas gozando de certos privilégios fiscais e dominiais. (ARIÈS, 2003)

Como resultado da expansão das grandes cidades, as pessoas passaram a construir suas casas e morar dentro desses locais. Ariès remonta ao início da distinção clara entre vivos e mortos. Pessoas que viviam, trabalhavam, constituíam famílias, dentro dos cemitérios, passaram a ser vistas com desconfiança, uma vez que tocavam suas vidas, indiferentes aos mortos que lá jaziam, pois era tão natural para os habitantes dos cemitérios a convivência com os mortos, como era natural a ideia de que um dia eles próprios iriam morrer.

Se, até então, a morte era aceita e compreendida, Ariès nos apresenta como as mudanças em relação à morte foram acontecendo. Devagar, a morte domada vai se tornando a morte temida.

> No século XII a cena se transforma. [...] ainda domina a glória do Cristo, inspirada na visão apocalíptica. Mas na parte inferior figura uma iconografia nova, inspirada em Mateus, da

> ressureição dos mortos, da separação dos justos e dos malditos [...].
> [...]
> No século XIII a inspiração apocalíptica, a evocação do grande retorno foi quase apagada. A ideia do juízo prevaleceu, sendo representada uma corte de justiça [...]. Duas ações tomam uma importância cada vez maior: a avaliação das almas e a intercessão da Virgem e de São João. (ARIÈS, 2003)

A clara influência da Igreja ocasionou algumas versões para o que ocorreria além-vida. Primeiro a versão do juízo final, no qual as almas que teriam salvação seriam aquelas seguidoras de Cristo. Na segunda, vemos a ressureição dos mortos, como uma possibilidade de retorno (imortalidade da alma) para aqueles que seguiram o caminho do bem. E, na terceira, vemos o julgamento, apenas aqueles que realmente seguiram o caminho de Cristo poderiam entrar no Reino dos Céus, para depois renascerem, no Dia do Juízo.

Com o passar dos anos, Ariès aponta modificações na forma de representar a morte. Se antes a representação era do Juízo Final, agora veremos o que se passava no leito de morte de um homem, em suas horas finais.

> O moribundo está deitado, cercado por seus amigos e familiares. Está prestes a executar os ritos que bem conhecemos. Mas sucede algo que perturba a simplicidade da cerimônia e que os assistentes não veem, um espetáculo reservado unicamente ao moribundo, que aliás, o contempla com um pouco de inquietude e muita indiferença. Seres sobrenaturais invadiram o quarto e se comprimem na cabeceira do "jacente". De um

> lado, a Trindade, a Virgem e toda a corte celeste e, de outro, Satã e o exército de demônios monstruosos. (ARIÈS, 2003)

Como o autor analisa, nessa época, ao sentir a chegada de sua morte, o moribundo se cercava de seus entes queridos, que o rodeavam e o assistiam, até o suspiro final. Porém, ao chegar cada vez mais perto da morte, ficava alheio ao que ocorria ao seu redor. Outras coisas ele via, os santos e os demônios, como que esperando a hora de levá-lo. Áries observa um combate entre as duas forças (bem e mal) sobre a alma do futuro morto.

Os sentimentos em relação à morte também foram se alterando com o passar do tempo:

> A partir do século XVIII, o homem das sociedades ocidentais tende a dar a morte um sentido novo. Exalta-a, dramatiza-a, deseja-a impressionante e arrebatadora. Mas ao mesmo tempo, já se ocupa menos de sua própria morte e, assim, a morte romântica, retórica, é antes de tudo a morte do outro. (ARIÈS, 2003)

Com a formação de laços familiares, as pessoas passaram a olhar mais para o fato de que seus entes queridos também podiam morrer. A ocupação agora é com a morte do outro.

Em uma época em que a taxa de mortalidade era muito alta (as pessoas morriam relativamente jovens), participar de um rito funerário era tão comum que as pessoas já estavam acostumadas. Ver o outro morrer, era uma forma de olhar para a própria morte, aguardada. Com a mudança da mentalidade, as pessoas que participam dos velórios passam a chorar, gritar, como forma de expressar sua dor pela perda do ente querido.

Para Ariès,

> a expressão de dor dos sobreviventes é devida a intolerância com a nova separação. Mas não é somente diante da cabeceira dos agonizantes e da lembrança dos desaparecidos que se fica perturbado. A simples ideia da morte comove. (ARIÈS, 2003)

A expressão do pesar por aquele que se foi é bem aceita, e ainda mais, as pessoas agora passam a sentir a dor da morte. São os primeiros passos em direção ao medo de morrer.

> Assim, do fim da Idade Média ao século XVIII, o luto possuía uma dupla finalidade. Por um lado, induzia a família do defunto a manifestar, pelo menos durante um certo tempo, uma dor que nem sempre experimentava. [...] Por outro lado, o luto tinha também o efeito de defender o sobrevivente, sinceramente submetido à provação, contra os excessos da dor, pois impunha-lhe um certo tipo de vida social, as visitas de parentes, vizinhos e amigos que lhe eram feitas [...]. (ARIÈS, 2003)

O luto surge de duas formas. Na primeira, como forma de demostrar à sociedade que a família sentia a dor da perda (mesmo que na prática não fosse realmente assim), era uma questão de manter as aparências. Na segunda, o luto aparece como uma forma de proteger o ente que ficou, deixando que ele extravasasse suas emoções, dores e pesar, sempre acompanhado de parentes e amigos, prontos a lhe darem o suporte necessário para aguentar essa expiação.

> Os túmulos tornaram-se o signo de sua presença para além da morte. Uma presença que não su-

> punha necessariamente a imortalidade das religiões de salvação, como o Cristianismo. (ARIÈS, 2003)

Então, se antes, os túmulos tinham única função de retirar os mortos das vistas daqueles que viviam, e a necessidade de conservação da memória do defunto sofreu oscilações durante os séculos, percebemos o nascimento do culto funerário, na forma de túmulos e lápides, como uma forma de venerar aqueles que se foram, mantendo sua memória viva, para expressar a necessidade de imortalidade do homem.

Todos esses fatores contribuíram para que, a visão de morte, antes entendida como um acontecimento natural e familiar, fosse dando origem a uma morte temida e, antes de tudo, não falada e que foi se tornando um tabu.

> Durante o longo período que percorremos, desde a alta Idade Média até a metade do século XIX, a atitude diante da morte mudou, porém de forma tão lenta que os contemporâneos não se deram conta. [...] A morte, tão presente no passado, de tão familiar, vai se apagar e desaparecer. Torna-se vergonhosa e objeto de interdição. (ARIÈS, 2003)

Se antes era o próprio moribundo que comandava seus ritos funerários e, ao pressentir a morte, a aguardava sem receios, com a virada do século, foi se firmando a necessidade de esconder o real estado da pessoa moribundo, e, como vemos até hoje, apesar de a própria pessoa "saber e pressentir" seu "estado", tanto ela como a família se deixam enganar, numa espécie de negação de existência da morte.

> A primeira motivação da mentira foi o desejo de poupar o enfermo, de assumir sua provação. Porém, bem cedo esse sentimento [...] foi superado por um sentimento diferente, característico

> da modernidade: evitar não mais ao moribundo, mas a sociedade, mesmo aos que o cercam, a perturbação e a emoção excessivamente fortes, insuportáveis, causadas pela fealdade da agonia e pela simples presença da morte em plena vida feliz, pois, a partir de então, admitir-se que a vida é sempre feliz, ou deve sempre aparentá-lo. (ARIÈS, 2003)

As mudanças ocorridas na sociedade, assim como as mudanças ocorridas nas relações interpessoais, causaram a ruptura nos padrões de perda, luto e morte, seguidos até então, dando lugar ao pensamento contemporâneo conservador/liberal, no qual as pessoas são extremamente competitivas, tendo de mostrar seu sucesso aos outros, e a "fraqueza" demostrada diante da morte é inadmissível.

> Morre-se no hospital porque os médicos não conseguiram curar. Vamos ao hospital não mais para sermos curados, mas precisamente para morrer. (ARIÈS, 2003)

A morte não ocorre mais porque é natural. No entendimento da sociedade contemporânea, morremos porque não conseguiram nos curar. Em uma sociedade tão avançada na medicina e tecnologia, é inconcebível que se morre, simplesmente porque todos, um dia, vamos morrer, mas sim porque ocorreu uma inépcia do médico ou ainda em razão de uma fatalidade.

> Hoje, a iniciativa passou da família, tão alienada quanto o moribundo, ao médico e à equipe hospitalar. São eles os donos da morte, de seu momento e também de suas circunstâncias; [...] Uma morte aceitável é uma morte que possa ser aceita e tolerada pelos sobreviventes. (ARIÈS, 2003)

Quantos são sedados no momento de sua morte, para serem poupados da dor e do sofrimento! O problema é que, ao fazer isso, tira-se do moribundo a possibilidade de fazer seus resgates, despedidas e *mea-culpa* junto a seus entes queridos.

> Antes de tudo, é importante que a sociedade, a vizinhança, os amigos, os colegas e as crianças se apercebam o mínimo possível que a morte ocorreu. Se algumas formalidades são mantidas, e se uma cerimônia ainda marca a partida, devem permanecer discretas e evitar todo pretexto à uma emoção qualquer – assim, as condolências à família são agora suprimidas no final dos serviços de enterro. As manifestações aparentes de luto são condenadas e desaparecem. Não se adotam mais roupas escuras, não se adota mais uma aparência diferente daquela de todos os outros dias. (ARIÈS, 2003)

Todos são poupados da morte, principalmente as crianças, que não são mais levadas aos velórios e enterros. Todos negam a existência da morte. Ao final dos ritos fúnebres, as pessoas voltam para a casa e para suas vidas, esperando que o próximo enterro não seja o seu, nascendo, assim, o tabu da morte.

> Dentro do círculo familiar ainda se hesita em desabafar, de medo de impressionar as crianças. Só se tem o direito de chorar quando ninguém vê ou escuta: o luto solitário e envergonhado é o único recurso, como uma espécie de masturbação – a comparação é de Gorer. (ARIÈS, 2003)

Segundo Ariès, chorar, sentir, se descontrolar em sinal de luto não é bem-visto pela sociedade contemporânea, pois demonstra fraqueza. Em uma sociedade que quer aparentar êxito pessoal, profissional e monetário, a expressão de dor é um sinal de temor e vai contra tudo o que prega o ideário geral.

> Parece que a atitude diante da morte, ou seja, a interdição da morte a fim de preservar a felicidade, nasceu nos Estados Unidos por volta do início do século XX. Entretanto, em sua terra natal, o interdito não atingiu o extremo de suas consequências. Na sociedade americana, ele encontrou obstáculos que não existiram na Europa [...] (ARIÈS, 2003)

A sociedade pragmática americana colaborou muito com a visão que temos de morte hoje. Mas é irônico que, apesar disso, os americanos ainda mantenham muito da tradição original no culto aos mortos, fato que não ocorreu em outras partes do mundo, seguidoras dos princípios estadunidenses.

> É notável o fato de que o embalsamamento se tenha tornado uma carreira nos Estados Unidos antes do fim do século, mesmo não sendo ainda tão difundido. [...] Sabe-se que tornou uma forma muito difundida de preparação dos mortos, quase desconhecida na Europa e característica do *American way of death*. (ARIÈS, 2003)

Se no Egito antigo a prática de embalsamar os mortos se devia, em grande parte, à crença em uma vida pós-morte, no caso dos Estados Unidos, o embalsamamento veio como uma forma de preservar o corpo, para que esse não fosse corrompido. O serviço passou a ser vendido como forma de ajudar aqueles que ficaram e dar oportunidade de não pensar na possibilidade da putrefação do corpo (do morto e futuramente do seu) e, podendo ainda, participar da cerimônia como se o morto ainda estivesse vivo e saudável. É, conforme Ariès, outra forma de se negar a morte.

Assim, o autor afirma que durante anos e anos o homem conviveu com a morte. A diferença existente na sociedade atual é a busca pela imortalidade e a negação da fragilidade do nosso corpo. Ao invés de tentar tratar a mente e a alma, buscando viver bem o tempo que temos Terra, olhando e ajudando o próximo, a verdade é que o culto ao "ter", tem tido muito mais êxito do que ao "ser".

Nomeamo-nos sábios, como detentores do conhecimento e do poder econômico e tecnológico, porém, as pessoas se esquecem de onde vieram e para onde vão. Quando a morte vem, e as atividades do nosso corpo cessam, não levamos nada do que construímos aqui. Segundo Ariés, talvez mais sábio fosse o homem simples, que nascia, crescia e morria e, apesar de não ter todo o conhecimento que temos hoje, enfrentava a morte com muito mais astúcia, retidão e coragem.

A espiritualidade e a morte

> Ó morte, como tua lembrança é amarga para o homem que vive em paz no meio de seus bens, para o homem tranquilo e afortunado em tudo e que ainda se encontra em condição de saborear o alimento!
>
> Ó morte, tua sentença é suave para o indigente, cujas forças se esgotam, para quem está no declínio da idade, carregado de cuidados, pra quem não tem mais confiança e perde a paciência.
>
> Não temas a sentença da morte; lembra-te dos que te precederam, e de todos os que virão depois de ti: é a sentença pronunciada pelo Senhor de todo ser vivo.

> Que te sobrevirá, por vontade do Altíssimo? Dez anos, cem anos, mil anos...
>
> Na habitação dos mortos, não se tomam em consideração os anos de vida!
>
> ECLESIÁTICO 41:1-7

A humanidade sempre procurou um apoio espiritual para as questões de vida ou morte. Independente da doutrina seguida, a fé se apresenta fortemente na biografia humana.

Assim, o presente capítulo se apoia em Mircea Eliade e seu livro, *O sagrado e o Profano,* para levar a uma reflexão sobre o peso da religião em nossos pensamentos e atos.

> O *numinoso*[6] singulariza se como qualquer coisa de *ganz andere*, radical e totalmente diferente: não se assemelha a nada de humano ou cósmico; em relação ao *ganz andere*[7], o homem tem o sentimento de sua profunda nulidade, o sentimento de "não ser mais do que uma criatura", ou seja, segundo os termos com que Abraão se dirigiu ao Senhor – , de não ser senão cinza e pó. (Gênesis, 18:27) (ELIADE, 1992)

O autor introduz o pensamento de Rudolf Otto e seu livro, *Das Heilige,* no qual o homem entende Deus não no sentido filosófico do Deus como criador das coisas, mas como um Deus vivo que interfere e pune colocando sua mão de ira em nossos corpos e mentes e que testa nossa fé. Nesse sentido, o homem tem plena consciência de ser insignificante, que está à mercê das vontades de Deus e que sua vida pode ser modificada ou tirada pela simples vontade D'Ele.

---

6. Estado religioso da alma, inspirado pelas qualidades transcendentais da vindade.

7. Aquilo que é grandioso (relacionado à divindade).

Para Eliade, tudo o que diz respeito ao que está fora de nosso entendimento, nesse caso, o sagrado não pode ser explicado da mesma forma que as coisas reais. Se pensarmos em uma cadeira, por exemplo, nós sabemos do que é feita, talvez a forma como foi produzida e sua utilidade. É um objeto real, que utilizamos no nosso dia a dia. As questões da alma e do espírito não. Cada religião tem a sua explicação, e as pessoas podem acreditar ou não. Mas não é nada físico, nem palpável. É algo que se situa no campo das ideias. A própria fé pode ser entendida assim e, desta forma, o homem busca explicações para sua própria existência.

> A partir da mais elementar hierofania – por exemplo, a manifestação do sagrado num objeto qualquer, uma urna ou uma árvore – a até a hierofania suprema que é, para um cristão, a encarnação de Deus em Jesus Cristo, não existe solução de continuidade. Encontramo-nos diante do mesmo ato misterioso: a manifestação de algo "de ordem diferente" – de uma realidade que não pertence ao nosso mundo – em objetos que fazem parte integrante do nosso mundo "natural", "profano". (ELIADE, 1992)

Para responder as questões sobrenaturais, Eliade afirma que o homem se vê compelido a colocar as coisas sobrenaturais de forma que ele possa entender. O sagrado então "entra" em objetos inanimados (árvores, símbolos) ou animados (animais, outros homens) para poder se conectar com os homens. Para os cristãos, o Espírito Santo vem na forma de uma pomba e o próprio Jesus é a encarnação de uma parte de Deus, que veio a terra para se comunicar com os homens. Diante da necessidade frequente de o homem ter uma explicação para tudo, colocar o sagrado nas coisas terrenas é uma forma de torná-lo palpável e mais fácil de aceitar e entender.

Esse sentimento em relação ao sagrado pode variar de acordo com a posição demográfica e o peso que a religião escolhida tem em determinadas culturas:

> O homem das sociedades tradicionais é, por assim dizer, um *homo religiosus*, mas seu comportamento enquadra-se no comportamento geral do homem, e, por conseguinte, interessa à antropologia filosófica, à fenomenologia, à psicologia. (ELIADE, 1992)

Em geral, todas as pessoas acreditam em algo religioso, mas na sociedade contemporânea esse sentimento foi se modificando ao longo do tempo. As relações hoje são mais baseadas no trabalho, no dinheiro, no sucesso. Embora ainda existam muitas culturas que acreditam na manutenção da alma, a ênfase hoje, principalmente nas sociedades capitalistas e industrializadas, está no homem e não no sagrado. São esses os dois modos de ser no mundo: o prático e o religioso.

Apesar disso, em todos os países do mundo existem seguidores de algum tipo de religião. Isso acontece, segundo Eliade (1992), por que "há, portanto, uma diferença da experiência religiosa que se explica pelas diferenças de economia, cultura e organização social — numa palavra — pela história." É curioso, quer seja no Brasil, ou na Índia, em qualquer parte do mundo, as pessoas parecem sempre ter um sentimento religioso. Acreditando no Deus cristão, em Buda, em Maomé ou no Sol, o sentimento de algo sagrado, que existe acima de nós, que criou o mundo e as pessoas é tão forte, que independente do que as pessoas acreditam, o fato é que elas sempre acreditam em algo.

> É preciso acrescentar que uma tal existência profana jamais se encontra no estado puro. Seja qual for o grau de dessacralização do inundo a

> que tenha chegado o homem que optou por uma vida profana não consegue abolir completamente o comportamento religioso. (ELIADE, 1992)

Analogicamente, Eliade afirma que o homem pode até ser completamente ligado no mundo material, o mundo das coisas, mas ele nunca, nunca mesmo, perde seu sentido de religiosidade. Ele fica escondido, dormindo até o momento que seja necessário despertá-lo: quando o homem passa por alguma grande dificuldade, ou doença, ou quando se confronta com sua morte ou daqueles que ama.

Então o homem busca conforto na religião, se dirigindo às igrejas, sinagogas ou templos, procurando um apoio, um abrigo e a resolução de seus problemas. Por isso Eliade (1992) expõe que

> é fácil compreender, porque a igreja participa de um espaço totalmente diferente daquele das aglomerações humanas que as rodeiam. No interior do recinto sagrado, o mundo profano é transcendido. (ELIADE, 1992)

Portanto, a delimitação do espaço físico das igrejas, ou de qualquer outra instituição religiosa é muito presente. Dentro das igrejas as pessoas têm aquela sensação de respeito e admiração, que nem sempre sentem fora dela. A Igreja dá uma sensação de proteção e paz. Ela está dentro da cidade, do bairro onde você pode saber que acontecem as maiores atrocidades, mas estar dentro desse recinto sagrado é, para muitos, como estar em outro mundo.

> Porque da perspectiva das sociedades arcaicas, tudo o que não é "do nosso mundo" não é ainda um "mundo". Não se faz "nosso" um território senão "criando-o" de novo, que dizer consagrando-o. Esse sentimento religioso em relação às

> terras desconhecidas prolongou-se, mesmo no Ocidente, até a aurora dos tempos modernos. (ELIADE, 1992)

Dessa forma, Eliade exprime que o solo consagrado é o solo puro, pronto para ser ocupado e que não pode ser atingido pelo que não é puro e corrupto. Esse tipo de comportamento ainda é presente. O solo dos cemitérios, assim como o das igrejas, são sempre ditos consagrados, independente das religiões, é sempre feito um preparo para receber os corpos dos mortos. Algumas pessoas costumam benzer suas casas, como sinal de proteção. É um costume que não se perdeu com o tempo.

Cada vez que consagramos um lugar, estamos reafirmando a existência do sagrado, sua força e capacidade de criar e recriar. E uma forma de nos aproximarmos do divino e, quem sabe, ter a força e a sabedoria do Senhor da Criação.

Nesse sentido, os templos, as igrejas e os locais sagrados existem como portais ou conexões com dois outros mundos: temos o mundo superior (o céu, para alguns) e o mundo inferior (o inferno, ou o mundo dos mortos). Invariavelmente, toda religião tem essa interpretação, o que muda é a nomeação que se dá a cada uma delas. Eliade assim argumenta:

> O mesmo simbolismo do Centro explica outras séries de imagens cosmológicas e crenças religiosas, entre as quais vamos reter as mais importantes: (a) as cidades santas e os santuários estão no centro do mundo; (b) os templos são replicas das montanhas cósmicas e, consequentemente constituem a ligação por excelência entre o Céu e a Terra; (c) os alicerces dos templos mergulham profundamente nas regiões inferiores. (ELIADE, 1992)

Podemos então verificar que em diferentes países a construção das cidades seguiu essa linha de interpretação de "mundo". Com o homem não é diferente. Se ele está no centro do mundo, logo está mais próximo do seu Deus e assim se sente confortável e amparado.

De maneira que, para Eliade (1992), "nosso Mundo é um Cosmos, qualquer ataque exterior ameaça transformá-lo em Caos". Somente o homem temente ao seu Deus é protegido do que é mal, sórdido e ameaçador. Tendo "Deus" ao seu lado pode enfrentar tudo: as doenças, o sobrenatural e a morte. Assim como Deus guarda sua casa, também guarda a morada de sua alma, que é o corpo.

Eliade argumenta que no Ocidente, na Idade Média, os muros das cidades eram consagrados ritualmente como uma defesa contra o Demônio, a Doença e a Morte. O homem não vê a doença, a morte e o demônio, ele pode até ver suas consequências: um corpo enfermo, um corpo morto, ou as provações do demônio. O melhor então é enfrentar algo que não vejo (a doença, a morte e o demônio) com outro algo que não vejo (os rituais, a fé, a consagração dos lugares), como uma forma de invocar a proteção divina.

Consagrando primeiro os solos ditos sagrados, a humanidade procurou proteção para a vida e, consequentemente, para sua morte, pois "ao morrer, deseja encontrar a Terra-Mãe, ser enterrado no solo natal." [...] "Que a carne e os ossos voltem à Terra!" [...] (1992).

Eis a origem da necessidade do homem em enterrar seus mortos.

> Quando se coloca sobre a Terra o recém-nascido ou o moribundo, é a ela que cabe dizer se o nascimento ou morte são válidos, se é necessário toma-los como fatos consumados e regula-

> res... O rito da deposição na Terra implica a ideia de uma identidade substancial entre a raça e o Solo. [História chinesa]. (ELIADE, 1992)

Do pó ao pó é uma expressão que cabe bem nesse contexto. Segundo a tradição chinesa e muitas outras teorias religiosas, da Terra viemos e para ela voltaremos, é a Terra que valida a nossa existência aqui ou não.

Dessa maneira, Eliade (1992) assevera que os ritos funerários não servem apenas para confortar e fazer a família aceitar a mudança de estado de seu ente querido, mas também para que o próprio morto possa fazer parte desse novo "estado" de modo natural. Em qualquer cultura, há uma tendência a se acreditar em uma vida após a morte. Não é só uma questão cultural. Ao tentarmos preservar a memória daqueles que se foram, estamos tentando nos preservar, pois queremos que nos tratem da mesma forma, após nossa morte.

Logo, "para certos povos, só o sepultamento ritual confirma a morte: aquele que não é enterrado segundo o costume, não está morto." (1992). Aparentemente é só após esse processo que as pessoas realmente entendem o que aconteceu.

Mas, apesar de as pessoas continuarem se casando em igrejas, batizando seus filhos ou dando a extrema unção para seus moribundos, o sentido religioso está se perdendo ao longo do tempo. Eliade pondera que "o que se encontra no mundo profano é uma secularização radical da morte, do casamento e do nascimento [...]" (1992), já que as mulheres se casam de branco ou enterramos nossos mortos e simbolizamos seus túmulos com uma cruz, mais por estarmos acostumados culturalmente com isso, do que por ser uma honraria religiosa.

O enfrentamento da morte, aliás, conforme vimos anteriormente, sofreu muitas alterações, ele varia muito, inclusive, de cultura para cultura.

Para alguns o corpo morreu, mas ele vai renascer de outra forma, para essa interpretação, a morte não é o fim, mas um reinício. A morte é a quebra das amarras, a libertação do homem do corpo. Livre seu espírito, perto do sagrado.

Para outros a morte representa o fim, e a ressureição só ocorrerá no Dia do Juízo, quando nossos pecados serão pesados na balança e vamos garantir ou não nossa entrada no Reino dos Céus.

De qualquer forma, para Eliade:

> O homem das sociedades primitivas esforçou-se por vencer a morte transformando-a em rito de passagem. Em outras palavras, para os primitivos, morre-se sempre para qualquer coisa que não seja essencial; morre-se, sobretudo para a vida profana. (ELIADE, 1992)

É muito difícil para os homens conceberem que uma vez a pessoa morta, tudo está acabado. Para vencer essa questão, criou-se então a ressureição, na qual a morte é apenas uma passagem, que o homem tem que fazer diversas vezes, durante várias vidas. Ao morrer nos livramos das amarras do corpo e somos mais livres para compreender as coisas. Nessa linha de pensamento morremos, pois o corpo é impuro, permanecer nele é um mal necessário, para o próprio aprendizado do homem.

Finalizando esse capítulo, podemos entender como a humanidade passou a se consolar na existência da vida após a morte. E ao acreditar que vamos para um lugar bom ou para junto de Deus, fica mais fácil enfrentar o medo da morte.

A Criança e a Morte

Para Aberastury,

> as incógnitas que nos acompanham através de toda a vida, as quais damos respostas influenciadas por situações individuais, culturais e religiosas, já estão presentes desde a infância e giram ao redor da origem da vida e da morte. (ABERASTURY, 1984)

Desde pequena, a criança já questiona sua existência e, consequentemente, sua morte. Sendo assim, esse capítulo remontará às origens do sentimento de infância e a participação da criança nos assuntos de vida e morte, incluindo os estágios de enfrentamento da morte e o luto infantil.

As mudanças nos conceitos sobre a infância

Assim como ocorreram variações nas concepções acerca da morte, a imagem da criança sofreu algumas modificações através dos séculos, até chegar ao modo como concebemos a infância atualmente.

Philippe Ariès tratou em seu livro, *História Social da Infância e da Família*, os acontecimentos relativos à forma como sucessivas gerações visualizaram de modos diferente as idades da vida e também as alterações ocorridas no sentimento de infância.

> As "idades da vida" ocupam um lugar importante nos tratados pseudocientíficos da Idade Média. Seus autores empregam uma terminologia puramente verbal: infância e puerilidade, juventude

> e adolescência, velhice e senilidade – cada uma dessas representando um período diferente da vida. (ARIÈS, 1981)

Desse modo, Ariès expressa que a definição das idades da vida antes era restrita aos homens cultos e eruditos, que empregavam os termos para definir as fases pelas quais os indivíduos passavam, retratando como era importante tal estudo. Somente com o tempo as idades da vida tornaram-se corriqueiras, tão habituais ao nosso cotidiano, que não conseguimos entender a importância dada a tal fato, durante a Idade Média.

As fases da vida humana estavam intrinsecamente ligadas ao simbolismo presente na época, baseando-se na religião, nas ciências naturais e físicas conhecidas e também nos rituais pagão-mágicos tão proibidos, mas secretamente utilizados na época.

> É preciso ter em mente que toda essa terminologia que hoje nos parece tão oca traduzia noções que na época eram científicas, e correspondia também a um sentimento popular e comum da vida. Aqui também esbarramos em grandes dificuldades de interpretação, pois hoje em dia não possuímos mais esse sentimento de vida: consideramos a vida como um fenômeno biológico, como uma situação na sociedade, sim, mas não mais do que isso. (ARIÈS, 1981)

O autor sugere que a sociedade contemporânea utiliza o termo "vida" e o faz de forma a expressar as vivências e experiências do ser humano, separando a vida biológica da vida social. Ao afirmar que "a popularidade das idades da vida tornou esse tema um dos mais frequentes da iconografia profana", Ariès (1981) sustenta que as idades da vida estabeleciam, na época, a função de cada um: crianças, velhos e jovens. Era importante para as pessoas fazerem essa divisão, não somente biológica, mas que levava em consideração a importância de cada um na sociedade (trabalhar, estudar ou brincar) e a representação dessas idades, finalizando com a figura da morte, que evidencia como as fases da vida (nascer, crescer e morrer) tinham uma função social.

> A repetição dessas imagens, pregadas nas paredes ao lado dos calendários, entre os objetos familiares, alimentava a ideia de uma vida dividida em etapas bem delimitada, correspondendo a modos de atividades, a tipos físicos, a funções, e a modas no vestir. A periodização da vida tinha a mesma fixidez que o ciclo da natureza ou a organização da sociedade. Apesar da evocação reiterada do envelhecimento e da morte, as idades da vida permaneceram croquis pitorescos e bem comportados, silhuetas de caráter um tanto humorístico. (ARIÈS, 1981)

As fases da vida eram encaradas de forma tão natural na época medieval que, até mesmo retratar o envelhecimento e a morte, não trazia temor algum àqueles que comumente possuíam tais ilustrações.

Por conseguinte, Ariès (1981) observa que "como juventude significava força da idade, não havia lugar para a adolescência". Até o século XVIII, a adolescência foi confundida com infância.

> Durante o século XVII, houve uma evolução: o antigo costume se conservou nas classes sociais mais dependentes, enquanto um novo hábito surgiu entre a burguesia, onde a palavra infância se restringiu ao seu sentido moderno. (ARIÈS, 1981)

O autor demonstra como o sentimento de infância nem sempre foi como o conhecemos hoje. Com o nascimento da nova classe social burguesa, mudam as relações familiares, portanto há uma alteração no que diz respeito à infância e adolescência.

> Falava-se, de uma forma nova, em "pequenas almas", em "pequenos anjos". Essas expressões anunciavam o sentimento do século XVIII e do romantismo. (ARIÈS, 1981)

Para Ariès, se antes a infância era tratada com indiferença, temos agora, com o início do Romantismo, a necessidade de cuidar e educar as crianças. A influência religiosa e a possibilidade de trazer novas ovelhas para o rebanho parecem ter sido fundamentais na mudança da visão de infância.

> Embora um vocabulário da primeira infância tivesse surgido e se ampliado, subsistia a ambiguidade entre a infância e a adolescência, de um lado, e aquela categoria a que se dava o nome de juventude, de outro. Não se possuía a ideia do que hoje chamamos adolescência, e essa ideia demoraria a se formar. Já pressentimos no século XVIII, com duas personagens, uma literária, Querubim, e a outra social, o conscrito. Em querubim prevalecia a ambiguidade da puberdade, e a ênfase recaía sobre o lado afeminado de um menino que deixava a infância. (ARIÈS, 1981)

O termo Querubim veio para preencher a lacuna existente entre a infância e a vida adulta. Lembrando que o querubim não tem um sexo definido, a associação vem justamente com a aparência das crianças, que estão se tornando adolescentes, mas não se assemelham mais a crianças e também não são adultos.

> O primeiro adolescente moderno típico foi o *Siegfried* de Wagner [...]. Esse fenômeno, surgido na Alemanha wagneriana, penetraria mais tarde na França, em torno dos anos 1900. A "juventude", que então era a adolescência, iria tornar-se um tema literário, e uma preocupação dos moralistas e dos políticos. Começou-se a desejar saber seriamente o que pensava a juventude [...]. (ARIÈS, 1981)

Se a adolescência encontrou seu lugar junto à sociedade, com a velhice se deu o contrário. Conforme sustenta da por Ariès (1981), "essa evolução foi acompanhada por uma evolução paralela, porém inversa, da velhice. Sabemos que a velhice começava cedo na sociedade antiga", os anciãos deixaram de ser respeitados, sendo sinônimo de inutilidade e decrepitude.

Percebemos como cada época deu importância diferenciada a cada fase da vida. Essa fragmentação da visão da vida ocorreu por diversos motivos, mas de qualquer forma, as sociedades continuaram definindo o valor e a qualidade dos homens. É nesse contexto que a criança é descoberta e mudam-se os padrões nos cuidados e tratamento pueris.

> Até por volta do século XII, a arte medieval desconhecia a infância ou não tentava representá-la. É difícil crer que essa ausência se devesse à incompetência ou à falta de habilidade. É mais provável que não houvesse lugar para a infância nesse mundo. Uma miniatura otoniana do século XI nos dá uma ideia impressionante da deformação que o artista impunha então aos corpos das crianças, num sentido que nos parece muito distante de nosso sentimento e de nossa visão (ARIÈS, 1981).

De acordo com o autor, o surgimento do adulto em miniatura. A criança não era retratada como tal, mas como um adulto em menores proporções, pois não havia interesse na criança como um ser humano digno de atenção e cuidados. Podemos levar em consideração que, devido às altas taxas de mortalidade infantil, as pessoas não quisessem se apegar, nem retratar as crianças.

Somente mais tarde é constatada uma mudança no sentimento de infância. Conforme Ariès (1981), somente por volta do século XIII, surgiram alguns tipos de crianças, um pouco mais próximos do sentimento moderno.

Ariès verifica o surgimento de dois modelos de infância:

> Surgiu o anjo, representado sob a aparência de um rapaz muito jovem, de um jovem adolescente [...].
> O segundo tipo de criança seria o modelo e o ancestral de todas as crianças pequenas da história da arte: O Menino Jesus, ou Nossa Senhora Menina, pois a infância aqui se ligava ao mistério da maternidade da Virgem e ao culto de Maria. (ARIÈS, 1981)

Apesar de os modelos de infância sofrerem algumas variações através dos séculos, ainda não se tinha a ideia de criança que temos hoje. Tudo ficava atrelado ao religioso. Ariès enfatiza que:

> Um terceiro tipo de criança apareceu na fase gótica: a criança nua. [...] As poucas miniaturas das Bíblias moralizadas que representam crianças vestiam-nas, exceto quando se tratava dos Inocentes ou das crianças mortas cujas mães seriam julgadas por Salomão. Seria a alegoria da morte e da alma que introduziria no mundo das formas a imagem da nudez infantil. (ARIÈS, 1981)

É curioso que, para retratar os mortos, os povos medievais se utilizassem da figura de uma criança nua. A nudez talvez como forma de representar o despojo dos bens terrenos e a criança como forma de retorno à pureza.

> Já na iconografia pré-bizantina do século V, em que aparecem traços da futura arte romântica, reduziam-se as dimensões dos corpos dos mortos. Os cadáveres eram menores que os corpos dos vivos. [...] Na arte medieval francesa, a alma era representada por uma criancinha nua e em geral assexuada. [...] O moribundo exala uma criança pela boca numa representação simbólica da partida da alma. (ARIÈS, 1981)

As pinturas pretendiam mostrar a morte como o retorno ao puro, à inocência perdida com os anos de vida, vide a criança assexuada (somos todos iguais na morte). Ao expressar na arte a criança como espírito do moribundo, podemos entender que havia a necessidade de demonstrar a morte como o retorno à origem, desprovido de qualquer maldade, influências ou necessidades materiais.

> Não se pensava como normalmente acreditamos hoje, que a criança já contivesse a personalidade de um homem. Elas morriam em grande número. [...] Essa indiferença era uma consequência direta e inevitável da demografia da época. Persistiu até o século XIX, no campo, na medida em que era compatível com o cristianismo, que respeitava na criança batizada a alma imortal. Consta que durante muito tempo se conservou no País Basco o hábito de enterrar em casa, no jardim, a criança morta sem batismo. Talvez houvesse aí uma sobrevivência de ritos muitos antigos, de oferendas sacrificais. Ou será que simplesmente

> as crianças mortas muito cedo eram enterradas em qualquer lugar, como hoje se enterra um animal doméstico, um gato ou um cachorro? A criança era tão insignificante, tão mal entrada na vida, que não se temia que após a morte ela voltasse para importunar os vivos. (ARIÈS, 1981)

As pessoas tinham muitos filhos para compensar a morte de vários outros. Era comum que as crianças não atingissem sequer a idade de andar, por isso elas eram consideradas dispensáveis e indignas de apego uma vez que, se apegar a uma criança que, provavelmente morreria cedo, era sofrer sem necessidade.

Em conformidade com isso, Ariès conclui que se eram batizadas e morriam, até mereciam os ritos fúnebres e o enterro. Caso contrário, eram jogadas em valas, ou deixadas em qualquer lugar.

Como as pessoas não atribuíam às crianças pensamentos ou sentimentos, a morte de uma delas era encarada de forma banal e não havia sequer o medo do retorno do túmulo.

Aos poucos, porém, a criança vai ganhando certa importância no contexto familiar:

> O gosto novo pelo retrato indicava que as crianças começavam a sair do anonimato em que sua pouca possibilidade de sobreviver as mantinha. É notável, de fato, que nessa época de desperdício demográfico se tenha sentido o desejo de fixar os traços de uma criança que continuaria a viver ou de uma criança morta, a fim de conservar sua memória. O retrato da criança morta, particularmente prova que essa criança não era mais considerada tão geralmente como uma perda inevitável. (ARIÈS, 1981)

O fato de existir a preocupação de imortalizar a criança em um retrato/pintura, denota que a morte da criança não era um fato fácil de compreender e aceitar para todos aqueles que perdiam seus filhos. Paulatinamente, a criança vai ganhando importância e espaço na sociedade.

> O aparecimento do retrato da criança morta no século XVI marcou portanto um momento muito importante na história dos sentimentos. Esse retrato seria inicialmente uma efígie funerária. A criança no início não seria representada sozinha, e sim sobre o túmulo de seus pais. (ARIÈS, 1981)

Para o autor, só o fato de representarem as crianças (em seus túmulos ou de sua família), já demonstra como o sentimento de infância foi variando. Se antes a criança era substituível, agora ela figura como parte importante da família.

> Observamos que as crianças que cercam os defuntos nem sempre estavam mortas: era toda a família que se reunia em torno de seus chefes, como no momento de recolher seu ultimo suspiro. Mas ao lado das crianças ainda vivas, eram representadas crianças que já haviam morrido; um sinal as distingue: elas são menores e seguram nas mãos uma cruz, ou uma caveira. (ARIÈS, 1981)

Ariés cita aqui como o contorno de família tradicional foi se desenvolvendo como conhecemos hoje. Se a criança participava dos rituais fúnebres e, geralmente participava das despedidas do moribundo, é muito óbvio que aos poucos ela fosse inserida em todos os contextos familiares.

Representar a criança no túmulo de seus familiares, mesmo que a própria já estivesse morta, demonstra um preocupação com a existência daquele ser que em algum momento fez parte da vida familiar e, quem sabe, foi até amado, a ponto de ser lembrado.

Ariès lembra que a criança era reproduzida como se ainda estivesse com vida, apenas algumas características de vestuário e ornamentos as distinguiam das que ainda estavam vivas.

> Afora as efígies funerárias, os retratos de crianças isoladas de seus pais continuaram raros até o fim do século XVI [...]. Por outro lado, no início do século XVII, esses retratos se tornaram muito numerosos, e sentimos que se havia criado o hábito de conservar através da arte do pintor o aspecto fugaz da infância. (ARIÈS, 1981)

A religiosidade presente na época foi fundamental para a mudança da visão de criança. Embora elas continuassem morrendo, e muitas morriam, eram agora entendidas como seres detentores de uma alma, que em dado momento deveria ser salva.

A nova organização da sociedade precisou se adaptar às mudanças de mentalidade no que diz respeito à higiene e métodos contraceptivos, e foi, aos poucos, melhorando a situação das crianças da época.

> Assim como a criança medieval, criança sagrada ou alegoria da alma, ou ser angélico, o *putto* nunca foi uma criança real, histórica, nem no século XV, nem no século XVI. Este fato é notável, pois o tema *putto* nasceu e se desenvolveu ao mesmo tempo que o retrato da criança. Mas os retratos dos séculos XV e XVI não são nunca ou quase nunca crianças nuas. (ARIÈS, 1981)

Os *puttos* ou *putti* são as conhecidas representações de anjinhos alados e, embora tenham rosto e corpo de crianças, não estão de maneira alguma associados à criança daquela época ou de qualquer outra. As semelhanças terminam no corpo.

> A descoberta da infância começou sem dúvida no século XIII, e sua evolução pode ser acompanhada na história da arte e na iconografia dos séculos XV e XVI. Mas os sinais de seu desenvolvimento tornaram-se particularmente numerosos e significativos a partir do fim do século XVI e durante o século XVI. (ARIÈS, 1981)

Ariès corrobora com a ideia que para a infância se tornar como conhecemos hoje, foram necessários séculos até que ela tivesse seu lugar na família e na sociedade.

Os estágios psicológicos da morte no adulto e na criança

Como parte de um seminário que tem estudantes de medicina e membros da igreja como participantes ativos, Elizabeth Kübler-Ross entrevistou doentes terminais e determinou as fases da aceitação da morte enfrentadas pelos pacientes.

Com bases nesses estudos, veremos a seguir uma abordagem psicológica sobre a morte e o morrer e os efeitos da morte na psique humana, adulta e infantil. Assim, Kübler-Ross afirma:

> As epidemias dizimaram muitas vidas nas gerações passadas. A morte de crianças era bastante frequente e poucas eram as famílias que não tinham perdido um parente em tenra idade. A medicina progrediu a olhos vistos nas últimas décadas. A vacinação em massa praticamente

> erradicou muitas doenças [...]. Os vários males que causavam uma baixa impressionante entre jovens e adultos foram dominados.
> (KÜBLER-ROSS, 2011)

A autora faz aqui uma constatação de que a morte hoje acontece mais tardiamente, muito em razão dos avanços da medicina. As pessoas ficam mais velhas, as crianças vivem mais do que antigamente. Por esse motivo, o enfrentamento da morte foi ficando mais difícil ao longo dos séculos.

> Explicando melhor, em nosso inconsciente só podemos ser mortos; é inconcebível morrer de causa natural ou de idade avançada. Portanto a morte em si está ligada a uma ação má, a um acontecimento medonho, a algo que em si clama por recompensa ou castigo.
> (KÜBLER-ROSS, 2011)

As pessoas, em geral, temem a morte por ser algo desconhecido. Se eu morrer, logo é porque algo tirou minha vida (uma fatalidade, uma doença), nunca é porque simplesmente todos um dia terão que morrer.

Kübler-Ross (2011) afirma que "a morte constitui ainda um acontecimento medonho, pavoroso, um medo universal, mesmo sabendo que podemos dominá-lo em vários níveis". As pessoas temem muito a morte (a sua própria ou a de entes queridos). É estranho, pois, sabemos qual o ciclo da vida. Não tememos quando alguém nasce, mas ficamos horrorizados quando alguém morre, ou se estamos diante de nossa própria morte. Podemos dominá-la no sentido de entendê-la como algo natural da vida e aceitá-la quando chega a ocasião.

Essa aceitação, porém, é muito complicada para os seres humanos, pois de acordo com Kübler-Ross (2011) "morrer é triste demais sob vários aspectos, sobretudo solitário, muito mecânico e desumano". Como já assinalado, antigamente as pessoas morriam em casa, junto dos seus, hoje elas morrem na solidão e imparcialidade do hospital, longe daqueles que ama.

A transição da morte, em casa, para a morte asséptica, dos hospitais, determinou a neutralidade e a cegueira diante do assunto. Para Kübler-Ross (2011) "morrer se torna um ato solitário porque o paciente não raro é removido de seu ambiente familiar e levado às pressas para uma sala de emergência". Nascemos e morremos sós. Ao longo de nossa vida, estabelecemos relações de afeto e convivência com familiares, amizades e amores, e esses se tornam nossos apoios defronte às adversidades da vida. Por que, então, temos tanto medo da solidão, se ela nos acompanha o tempo inteiro? O que faz o indivíduo que nasce só, não saber conviver com ele mesmo? Para Jonh Domme:

> Nenhum homem é uma ilha isolada; cada homem é uma partícula do continente, uma parte da terra; se um torrão é arrastado para o mar, a Europa fica diminuída, como se fosse um promontório, como se fosse a casa dos teus amigos ou a tua própria; a morte de qualquer homem diminui-me, porque sou parte do gênero humano. E por isso não perguntes por quem os sinos dobram; eles dobram por ti. (DOMME, 1986).

Nenhum homem é uma ilha, pois ninguém vive sozinho, mas se pudéssemos conviver melhor com a nossa própria solidão e os medos que ela traz, logo seria mais fácil viver, pois nos relacionaríamos melhor, nossos sentimentos de comiseração para com o próximo seriam mais consistentes e, convivendo melhor com nós mesmos, estaríamos a um grande passo de defrontar nossos medos mais profundos, incluindo a morte.

Mas por que não mudamos nossas atitudes em relação à nós mesmos, aos outros e à morte? Conforme Kübler-Ross:

> Em resumo, acho que, com o avanço rápido da técnica, e as novas conquistas científicas, os homens tornaram-se capazes de desenvolver qualidades novas e novas armas de destruição em massa [...]. Sob o ponto de vista psicológico, o homem tem que se defender de vários modos contra o medo crescente da morte e contra a crescente incapacidade de prevê-la, e precave-se contra ela. Psicologicamente, ele pode negar a realidade de sua morte por um certo tempo. Em nosso inconsciente, não podemos conceber nossa própria morte, mas acreditamos em nossa imortalidade. Contudo, podemos aceitar a morte do próximo, e as notícias dos que morrem nas guerras, nas batalhas e nas autoestradas só confirmam a crença inconsciente em nossa imortalidade, fazendo com que – no mais recôndito de nosso inconsciente – nos alegremos com ainda bem que não fui eu. (KÜBLER-ROSS, 2011)

Nas relações de hoje, onde cada um luta por si, a convivência humana é cada vez menos solidária, as pessoas trabalham para o consumo e as novas técnicas da medicina permitem mais longevidade às pessoas. O indivíduo vai ficando cada vez mais alienado de sua situação como ser humano mortal. Não se pensa: "Um dia vou morrer", se pensa: "Vou trabalhar para na minha aposentadoria aproveitar o que eu puder", mas a palavra morte não aparece.

Podemos exemplificar as pessoas que saem de manhã para o trabalho e morrem vítimas de acidentes de trânsito. Será que passou pela cabeça dela que iria acordar, tomar seu café, dar o beijo de despedida na esposa/marido e nos filhos, e sair para nunca mais voltar?

É negando sua existência, tão frágil, que o homem se vê compelido a buscar explicações religiosas para tudo que acontece. Porém Kübler-Ross questiona:

> Qual o papel da religião nesses tempos de transição? Antigamente, havia maior número de pessoas que acreditava incondicionalmente em Deus, inclusive numa vida futura, onde as pessoas seriam aliviadas de dores e sofrimentos. (KÜBLER-ROSS, 2011)

A vida como sinônimo de sofrimento é um conceito que, junto com a religião, rondou o espírito humano. Uma mãe, ao parir uma criança, sofria as dores do parto, por horas a fio, e no fim, ao ver nascer sua criança, se esquecia de toda a dor. Para a autora, atualmente, as mães são sedadas e só veem o filho após a recuperação do parto. Logo, buscamos cada vez mais a ausência da dor, quer seja ela física ou emocional. Expropriamo-nos do sofrimento, como se ele não fizesse parte da vida, enfatizamos somente a alegria e os bons momentos. Deste modo Kübler-Ross (2011) afirma que "há muito sumiu a crença de que o sofrimento aqui na Terra será compensado no Céu. O sofrimento perdeu a razão de ser". Ou seja, o sentido da religião hoje está mais ligado às aquisições terrenas do que propriamente ao resgate da alma e ao reparo da aflição suportada por toda uma vida.

Kübler-Ross conclui:

> Não podemos retroceder no tempo. Não podemos propiciar a todas as crianças a experiência de uma vida simples numa fazenda, em estrito contato com a natureza, nem a experiência do nascimento e da morte no ambiente natural da criança. Os religiosos não podem conseguir que se volte a acreditar na vida após a morte, o que tornaria mais compensador o ato de morrer [...]. (KÜBLER-ROSS, 2011)

A sociedade mudou, e voltar atrás para propiciar a todos um contato maior com seu próprio eu, e claro, com a morte, é impossível. Mas é possível partir para outras abordagens, partindo das fases, vivenciadas pelos moribundos, ante sua própria morte.

Assim, de acordo com Kübler-Ross, há seis fases definidas: negação e isolamento, raiva, barganha, depressão, aceitação e esperança.

No primeiro estágio, a autora (2011) afirma que "a negação funciona como um para-choque depois de noticias inesperadas e chocantes, deixando que o paciente se recupere com o tempo [...]." Kübler-Ross cita pacientes terminais, mas a negação também ocorre para os parentes de quem morreu recentemente, ou enfrenta uma grave doença, *como forma de deixar de lado esse pensamento e lutar pela vida* (grifo da autora).

> Sou a favor de falar sobre a morte e o morrer com pacientes antes que isso ocorra de fato, desde que o paciente o queira. Um indivíduo forte e saudável pode tratar melhor do assunto e ficar menos espantado com a aproximação da morte estando ainda a "quilômetros de distância" do que estando "às portas" [...]. (KÜBLER-ROSS, 2011)

A autora afirma que não devemos forçar qualquer pessoa a falar da morte, quer seja um doente ou não, mas, se fôssemos mais bem resolvidos e tentássemos entender melhor essa fase da vida, talvez não tivéssemos tanto medo.

> Em suma, a primeira reação do paciente pode ser um estado temporário de choque do qual se recupera gradualmente. Quando termina a sensação inicial de torpor e ele se recompõe, é comum no homem esta reação: "Não, não pode

> ser comigo". Como somos todos imortais em nosso inconsciente, é quase inconcebível reconhecermos que também temos que enfrentar a morte. (KÜBLER-ROSS, 2011)

Todos nós, quando nos vimos diante da morte de alguém, experimentamos certo distanciamento, inicialmente. É como se ao negar a doença (nossa ou do outro) estivéssemos afastando a possibilidade da morte. Como a autora bem coloca: "Não pode ser comigo", é uma frase que o ser humano usa constantemente, quer seja nas situações cotidianas, quer seja quando enfrenta a morte. Ao negarmos, tentamos recusar também a nossa própria mortalidade e a do outro.

No segundo estágio, da raiva, a autora afirma que:

> Quando não é mais possível manter o primeiro estágio de negação, ele é substituído por sentimentos de raiva, revolta, inveja e de ressentimento. Surge lógico, uma pergunta: Por que eu? (KÜBLER-ROSS, 2011)

Portanto, ao passar para o estágio da raiva, o moribundo ou o enlutado se ressentem de seus familiares, amigos, cônjuges, por eles continuarem tendo uma vida "normal" e alegre, enquanto ele padece de alguma doença terminal ou sofre a dor da perda do ente amado.

Por conseguinte, o indivíduo adentra o estágio da barganha. Para Kübler-Ross:

> O terceiro estágio, o da barganha, é o menos conhecido, mas igualmente útil ao paciente, embora por um tempo muito curto. Se, no primeiro estagio não conseguimos enfrentar os tristes acontecimentos e nos revoltamos contra Deus e as pessoas, talvez possamos ser

> bem-sucedidos na segunda fase, entrando em algum tipo de acordo que adie o desfecho inevitável. (KÜBLER-ROSS, 2011)

Desse modo, "a maioria das barganhas são feitas com Deus, mantidas geralmente em segredo, ditas nas entrelinhas ou no confessionário do capelão" (2011). A pessoa passa a fazer trocas: promessas religiosas, algum objetivo a ser alcançado, etc. Na busca por um tempo maior de vida — do eu, ou do outro — passa a negociar sua vida e tempo de permanência.

Temos como exemplo o Brasil, onde as crianças são vestidas de anjinho, para participarem de procissões, como pagamento de uma promessa feita pela mãe ou parente próximo, para curar uma doença e afastar a morte.

No estágio da depressão, Kübler-Ross afirma:

> O que, no entanto, não esquecemos é a aflição inicial a que o paciente em fase terminal é obrigado a se submeter para se preparar para quando tiver de deixar esse mundo. Se eu tentasse diferenciar esses dois tipos de depressão, classificaria a primeira como uma depressão reativa e a segunda como uma depressão preparatória. (KÜBLER-ROSS, 2011)

Se na negação a pessoa enfrenta também um tipo de depressão, no quarto estágio a depressão diz respeito à constatação da morte eminente. Não há o que se fazer, vem então a tristeza. O homem está sempre tão acostumado a dar um jeito em tudo, mas para a morte, não há remédio. Daí o sentimento de impotência e consequentemente a depressão.

> Quando a depressão é um instrumento na preparação da perda eminente de todos os objetos amados, para facilitar o estado de aceitação, o

> encorajamento e a confiança não tem razão de ser. (KÜBLER-ROSS, 2011)

Quantos de nós, ao vermos alguém triste, dizemos: "Não chore, não sofra". É impossível para alguém que está morrendo, ou para alguém que perdeu uma pessoa importante, não sofrer. Temos que sofrer e chorar, pois faz parte do processo de luto e nos prepara para aceitar tudo mais facilmente.

Sendo assim, a autora assevera que:

> Ouvindo nossos pacientes em fase terminal, o que sempre nos impressionou foi que até mesmo os mais conformados, os mais realistas, deixavam aberta a possibilidade de alguma cura [...]. (KÜBLER-ROSS, 2011)

Todos os seres humanos, sem exceção, sempre vão procurar um jeito de driblar a morte, porque como humanos, sempre estaremos na busca da imortalidade. Apesar de todos os nossos sofrimentos, dores e problemas, queremos sempre continuar vivendo.

Confirmando a afirmação de Schopenhauer, Kübler-Ross assegura que:

> Muito ajudaria se as pessoas conversassem sobre a morte e o morrer, como parte intrínseca da vida, do mesmo modo como não temem falar quando alguém espera um bebê.
> (KÜBLER-ROSS, 2011)

Se não temos medo do que fomos antes de nascer, e não receamos colocar mais seres humanos no mundo, logo não devemos nos acovardar diante da morte. Se as pessoas não vissem a morte como algo proibido de discutir, e a encarassem com naturalidade, seria muito mais fácil aceitá-la como parte da vida.

> Morto o paciente, acho cruel e inoportuno falar do amor de Deus. Quando perdemos alguém, sobretudo quando tivemos pouco tempo para nos preparar, ficamos com raiva, zangados, desesperados; deveriam deixar que extravasássemos essas sensações. (KÜBLER-ROSS, 2011)

As palavras de conforto, às vezes, não servem de nada para aqueles que perderam um ente querido. Nada vai mudar o fato de que alguém que lhe era muito querido morreu. Cabe aos à sua em volta, ajudá-lo de outras formas a se recompor: como companhia, ao ouvir, ao ter paciência.

> Vazio se faz sentir após o funeral, quando os parentes se retiram. É nessa ocasião que os familiares se sentiriam gratos se houvesse alguém com que pudessem conversar, especialmente se esse alguém tiver tido contato recente com o falecido, podendo, assim, contar fatos pitorescos dos bons momentos vividos antes dele morrer. Isso ajuda o parente a superar o choque e o pesar, preparando-o para uma aceitação gradual. (KÜBLER-ROSS, 2011)

Quando alguém que gostamos morre, é muito difícil a sensação de perda e o vazio que fica. Ter alguém em quem se apoiar, é muito importante para aqueles que ficam. Relembrando aquele que amou, a pessoa revive a memória e se sente mais consolada.

> Muitos parentes se preocupam com memórias e ficam ruminando fantasias, chegando, muitas vezes, a falar com o falecido como se esse ainda estivesse vivo. Além de se isolar dos vivos, tornam mais difícil encarar a realidade da morte

> da pessoa. Entretanto, para alguns, essa é a única forma de aceitar a perda, e seria cruel demais censurá-los ou colocá-los frente a frente todo dia com a inaceitável realidade.

Cada pessoa tem um *timing* diferente da outra. Umas são mais adaptáveis, outras não, isso para qualquer situação. Com a morte, não seria diferente. Algumas pessoas preferem fingir que o fato não ocorreu, como forma de aliviar a dor que sentem pela perda do ente querido. Não podemos forçar a pessoa a aceitar, isso vai ocorrer em determinado momento, pode ser que demore mais ou menos, mas, em seu interior, a pessoa sabe a verdade, só não está pronta para enfrentá-la.

> Aqueles que tiverem a força e o amor para ficar ao lado de um paciente moribundo [...], saberão que tal momento não é assustador nem doloroso, mas um cessar em paz do funcionamento do corpo. Observar a morte em paz de um ser humano faz-no lembrar uma estrela cadente. (KÜBLER-ROSS, 2011.

O fim da vida é natural para todos nós. Quando temos coragem de acompanhar o fim daqueles que amamos, entenderemos que esse fim é para todos, faz parte da vida, não é algo horrível, nem assustador, mas simplesmente um corpo que habitou a Terra, durante um número de anos e que: amou, trabalhou, estudou, se relacionou e viveu tudo o que poderia viver, mas que sua época na Terra acabou dando lugar a outros que passarão por todas essas fases novamente, em um ciclo universal sem fim.

O luto e a morte infantil

Em seu livro *A Percepção da Morte na Criança e outros escritos*, Arminda Aberastury aduz que:

> A criança tem uma aguda capacidade de observação, mas não só para o mundo físico assim como para o psicológico. Sofre de angústias muito intensas que às vezes se evidenciam e às vezes se escondem atrás de sintomas ou de dificuldades de conduta. Capta quanto acontece; as vezes expressa-o em palavras, e outras vezes não, e quando o expressa pode não ser compreendido. (ABERASTURY, 1984)

De acordo com a autora, tendemos a acreditar e agir como se a criança fosse alheia a todo e qualquer tipo de acontecimento, quando, na verdade, ela apreende tudo o que acontece ao seu redor e pode tentar exprimir ou não seus sentimentos.

> A incompreensão do adulto, sua falta de resposta às perguntas do menino, ou responder com uma mentira, provocam mais dor e são causadores de problemas. Quando o adulto mente, acredita defender a criança do sofrimento, como se negando a dor magicamente a anulasse. (ABERASTURY, 1984)

Na tentativa de proteger a criança, ou simplesmente por não ser prioridade, acabamos inventando histórias fantasiosas ou criando estratagemas para fugir as respostas consideradas por nós como não sendo assunto de criança. Aberastury (1984) ainda afirma que "há adultos que acreditam que a criança não compreenderia uma explicação verbal do que está ocorrendo", sendo está uma visão errônea da infância, uma vez que, adaptada à idade da criança, todo e qualquer assunto pode e deve ser tratado. Mas, Kübler-Ross complementa:

> A morte não é um fato permanente para a criança de três a cinco anos. É tão temporária como enterrar o bulbo de uma flor no chão e esperar que brote na primavera. (KÜBLER-ROSS, 2011)

A criança muito pequena não tem noção de tempo. Por isso, seu entendimento de morte não é igual ao nosso e, com o tempo, a lembrança daquele que se foi vai se perdendo nos pensamentos. Isso não quer dizer que ela não deva ser esclarecida sobre os acontecimentos. Kübler-Ross prossegue:

> Depois dos cinco anos, a morte geralmente é vista como um homem, um esqueleto que vem buscar as pessoas. É atribuída ainda uma intervenção externa. (KÜBLER-ROSS, 2011)

A criança nessa idade pensa de forma muito concreta, de ação e reação, sem pensar muito sobre as razões dos acontecimentos. Assim, a imagem da figura que vem buscar (a morte), muitas vezes é posta por meio de histórias, filmes, desenhos. A criança introjeta essa imagem. A morte também é um ser concreto para ela, que vem buscar as pessoas, por algumas razões.

Assim, a morte se coloca como um desses assuntos que escolhemos não tratar com as crianças, uma vez que, de acordo com Aberastury,

> A morte do pai, da mãe ou de um irmão é uma grande dor. Falar dessa morte não é criar a dor nem aumentá-la; ao contrário, a verdade alivia a criança e ajuda a elaborar a perda.
> (ABERASTURY, 1984)

Devemos tratar da morte como tratamos os demais assuntos. Mentir ou esconder o fato da criança só trará medo, desconfiança e mais sofrimento.

Em comparação com essa ideia, Kübler-Ross também afirma:

> A criança que, de raiva, deseja que a mãe morra porque essa não satisfez seus desejos ficará traumatizada caso isso venha, de fato, a acontecer, mesmo que não haja ligação alguma no tempo com seus desejos de destruição. (Kübler-Ross, 2011)

Toda criança tem medo que seus pais morram. Quando isso acontece eventualmente, a criança pode se sentir muito culpada, em parte por não entender o conceito de morte, em parte porque em algum momento ela desejou a morte da mãe ou do pai. Mesmo os adultos carregam esse sentimento de culpa, como se fosse possível determinar quando e como alguém vai morrer, só pela força do pensamento.

Aberastury continua:

> Quando o adulto se nega a esclarecer verbalmente a morte, atravanca-se o primeiro momento de elaboração do luto, que é a aceitação de que alguém desapareceu para sempre. Versões como a do céu incrementam o anelo de seguir o destino de seguir o objeto perdido, entravando não só o processo de elaboração do luto, mas todo o processo de conhecimento. (ABERASTURY, 1984)

Ao justificarmos que alguém que a criança amava muito morreu e foi para o céu, criamos nela o desejo de se juntar ao ente perdido. A autora também analisa que "apresentam-se ainda versões mais complicadas que as do engano quando cada um dá uma versão diferente da morte: viagem, céu, está doente, logo voltará" (1984). Ao criarmos uma fantasia sobre o que acontece *post-mortem*, não permitimos que a criança entenda o processo e consiga compreender o que ocorreu da melhor forma e com menos danos possíveis ao seu psicológico. Kübler-Ross confirma:

> Isso contrasta muito com uma sociedade onde a morte é encarada como tabu, onde os debates sobre ela são considerados mórbidos, e as crianças afastadas sob o pretexto de que seria demais para elas. Costumam ser mandadas para a casa de parentes, levando muitas vezes consigo mentiras não convincentes de que "mamãe foi fazer uma viagem" e outras histórias incríveis. (KÜBLER-ROSS, 2011).

Percebemos como o papel da criança está definido. Os motivos que os adultos dão para fugir dos esclarecimentos sobre a morte são os mais variados: a criança não vai entender, vai ficar impressionada e não precisa passar por isso.

Todos nós um dia passaremos por isso, é negativo esconder tal fato das crianças. Pois, quando elas tiverem que enfrentar a morte, poderão ter medo ou negá-la, desenvolvendo algumas fobias sociais que são tão constantes no mundo contemporâneo, simplesmente porque algum adulto achou "melhor" poupá-la desse fato da vida.

Sobre a ocultação da morte, Aberastury (1984) discorre que "o ocultamento da morte de alguém querido pela criança dificulta o trabalho de luto, não só na criança, mas também no adulto [...]". Na tentativa de resguardar a criança do sofrimento, o adulto a priva de ter conhecimento de seus próprios sentimentos. A autora prossegue, alegando que "o adulto projeta na criança a parte infantil que não quer saber a verdade, mas também com esse atraso coacta o trabalho de luto".

Desta maneira, o próprio adulto se engana, como forma de se autoproteger também.

Se o luto não é permitido à criança, ela logo passa a exteriorizar esses sentimentos que ficaram adormecidos.

> Em muitos casos, o sintoma da criança consiste em micros suicídios, em outros na rejeição de alimentos, ou em transtornos do sono que a levam progressivamente a uma deterioração física e psíquica. (ABERASTURY, 1984)

Fica claro, conforme afirmação de Aberastury, como é importante sermos claros e verdadeiros com as crianças, auxiliando na sua elaboração do processo de morte e luto. Kübler-Ross reafirma esta ideia, ao exprimir que:

> As crianças tem reações diferentes diante da morte [...]. Se os adultos, já perturbados durante esse período, não compreenderem essas crianças e as repreenderem e corrigirem, elas podem reprimir no intimo sua maneira de manifestar o pesar, o que pode, muitas vezes, ser fonte de distúrbios emocionais. (KÜBLER-ROSS, 2011)

Devemos compreender como a criança se sente e dar todo o suporte emocional para que ela possa passar por essa fase da melhor forma possível.

Mas não são apenas as crianças que perdem seus entes queridos. Embora para nós seja um fato muito difícil de aceitar, as crianças também morrem. Em seu livro, A *Criança e a Morte – Crianças Doentes fala da Morte: Problemas da Clínica do Luto,* Ginette Raimbauldt afirma que:

> A morte do outro, mencionada com tanta frequência, permite à criança abordar indiretamente

> sua própria morte. Quase todas relatam os efeitos da morte e, mais frequentemente, os efeitos de sua própria morte sobre os sobreviventes. A morte delas é antecipada como ausência. Sem a menor presunção, pensa cada uma delas: "Farei falta a meus pais." (RAIMBAULDT, 1979)

A autora reproduz o testemunho de crianças que estão à beira da morte. É curioso verificar que, embora elas sintam dores e, claro, em muitos momentos entrem em desespero, a preocupação das crianças, em geral, é com a lacuna que deixarão na vida de seus entes queridos e que será deveras sentida. A autora segue afirmando que:

> Poder aceitar a morte do outro é aceitar um nunca mais de olhar, de voz, de ternura, bases das trocas com o outros, uma ausência de futuro no projeto imaginário comum, o ponto final na partitura de um dos instrumentos na nossa sinfonia fantasmática. (RAIMBAULDT, 1979)

Quando alguém perde um filho, ou um aluno, a dor da perda e a impossibilidade de continuar projetando naquele ser nossos sonhos e anseios podem se transformar em uma barreira difícil de transpor. Raimbauldt argumenta que "se uma criança adoece, tem o corpo afetado, ou se perde um membro da família, procura compreender. Sobressai nesse momento a importância do meio circundante". (1979). Pais, familiares, professores e todos aqueles que fazem parte do circulo afetivo e social da criança são indispensáveis no processo de aceitação da própria morte e a do outro.

Finalizando esse capítulo, é possível compreender que a criança pode sim temer a morte, mais por influência dos que a cercam, do que por ela mesma. De acordo com a idade, ela pode vivenciar mais ou menos o luto, sendo fundamental não omitir nem fantasiar nas explicações sobre a morte.

Metodologia de Pesquisa

O tratamento utilizado nos dados coletados é uma abordagem de natureza quantitativa e qualitativa. Quantitativa, pois envolve dados mensuráveis e estatísticos. Qualitativa, pois procura compreender como o ambiente e suas respectivas questões sociais, culturais e educativas influenciam o fenômeno.

A população analisada se constitui de professoras de 1º ao 4º ano do Ensino Fundamental I, tendo como intenção principal entender como a morte é tratada com crianças de 6 a 8 anos.

Como caracterização da amostra, foram escolhidas duas escolas: uma de caráter público — Escola Municipal de Educação Infantil e Ensino Fundamental (Emeief) e outra de caráter particular com princípios cristãos, ambas localizadas no município de Santo André, Grande São Paulo.

Foram elaborados e distribuídos 15 questionários, lançados da seguinte forma: 8 (oito) na escola municipal (Emeief) e 7 (sete) na escola particular, obtendo na devolutiva: 8 (oito) da escola municipal e 4 (quatro) da escola particular, totalizando 12 questionários respondidos.

O questionário compõe-se de 10 perguntas, sendo nove (9) de natureza objetiva, tendo nas perguntas de número 4 e 7 a opção de resposta de mais de uma alternativa, dissertação sobre o tema (mista) e a última questão (número 10), de caráter dissertativo.

Caracterização do objeto de estudo

Verificamos até o momento as diferentes representações da morte através dos tempos e a inserção da criança neste contexto.

A escola é parte fundamental da vida da criança. É o local em que ela estabelece novos relacionamentos fora da esfera familiar, passando a ter contato com novas pessoas, culturas e informações.

A pesquisa a seguir demonstra como a morte é tratada no contexto escolar, quais as concepções que os professores têm e as dificuldades que enfrentam.

Apresentação dos resultados

A seguir serão apresentados os resultados coletados em setembro de 2012. A análise tem base na fundamentação teórica apresentada nos capítulos anteriores.

Tabela 1. Formação das entrevistadas

Formação das entrevistadas	Total
Pedagogia	7
Pós-Graduação	3
Magistério/Cursando Pedagogia	1
Não Especificou	1

FONTE: Dados da Pesquisa. Setembro/2012.

A maioria das professoras (59%) possui Ensino Superior Completo em Pedagogia e 25% já tem Pós-Graduação em áreas correlatas.

Tabela 2. Faixa etária das professoras entrevistadas

Faixa etária	**Total**
Até 20 anos	0
De 21-30 anos	0
De 31-40 anos	5
De 41-50 anos	6
De 51- 60 anos	0
Mais de 61 anos	1

FONTE: Dados da Pesquisa. Setembro/2012.

Podemos perceber que 50% das professoras entrevistadas têm entre 41 e 50 anos e 42% entre 31 e 40 anos.

Tabela 3. Tempo na profissão

Tempo na profissão	**Total**
Menos de 10 anos	2
De 10-20 anos	7
De 21-30 anos	1
De 31-40 anos	2

FONTE: Dados da Pesquisa. Setembro/2012.

A grande maioria das professoras (58%) possui entre 10 e 20 anos, atuando na profissão. Somente 17% têm menos de 10 anos, exercendo a profissão.

Tabela 4. Ano do Ensino Fundamental I em que as professoras atuam

Ano do Ensino Fundamental I	Total
1º ano	1
2º ano	1
3º ano	5
4º ano	0
Não especificou	5

FONTE: Dados da Pesquisa. Setembro/2012.

Constatamos que 42% das professoras atuam no 3º ano do Ensino Fundamental I, porém outras 42% não especificaram o ano em que trabalham.

Tabela 5. Faixa etária das crianças atendidas

Faixa etária	Total
6-7 anos	7
8 anos	4
Não especificou	1

FONTE: Dados da Pesquisa. Setembro/2012.

A quase totalidade das crianças (59%) possui entre 6 e 7 anos, somente 33% têm oito (8) anos e 8% não tiveram suas idades especificadas.

Tabela 6. Questão 1: Durante o período que cursou sua graduação, alguma disciplina abordou o tema morte?

Durante o período que cursou sua graduação, alguma disciplina abordou o tema morte?	
Sim	Não
5	7

FONTE: Dados da Pesquisa. Setembro/2012.

Nessa questão, 58% das professoras responderam que não e 42% responderam que tiveram disciplinas que abordaram o tema morte, durante o período de graduação.

Tabela 7. Questão 2: Já teve de lidar, em sala de aula, com a morte de alunos ou de seus familiares, professores, ou funcionários da instituição?

Já teve de lidar, em sala de aula, com a morte de alunos ou de seus familiares, professores, ou funcionários da instituição?	
Sim	Não
12	0

FONTE: Dados da Pesquisa. Setembro/2012.

A totalidade das professoras (100%) respondeu que em algum momento tiveram que lidar com a morte no ambiente escolar.

Tabela 8. Questão 3: Diante da situação, abordou o assunto:

Diante da situação, abordou o assunto:	Total
Com naturalidade	9
Teve medo/desconforto	3
Ignorou/não abordou o tema	0

FONTE: Dados da Pesquisa. Setembro/2012.

A maioria das professoras (75%) tratou o tema morte, na sala de aula com naturalidade. Somente 25% tiveram medo ou desconforto. Nenhuma das entrevistadas ignorou o tema.

Tabela 9. Questão 4: Que recursos/estratégias foram utilizados para sensibilizar e introduzir o tema com as crianças?

Que recursos/estratégias foram utilizados para sensibilizar e introduzir o tema com as crianças?	*Total
Histórias	6
Rodas de Conversa	12
Livros/filmes	4
Nenhum	0
Outros	3

*Nessa questão foi possível optar por mais de uma alternativa.

FONTE: Dados da Pesquisa. Setembro/2012.

O recurso mais utilizado pelas professoras foi a roda de conversa (48%), seguido pelas histórias (24%). Nenhuma professora deixou de recorrer a algum recurso (0%) na abordagem do tema morte.

Tabela 10. Questão 5: A sua relação com os pais e familiares traz alguma influência (moral, religiosa, etc.) que possa auxiliar e/ou interferir na abordagem do tema?

A sua relação com os pais e familiares traz alguma influência (moral, religiosa, etc) que possa auxiliar e/ou interferir na abordagem do tema?

Sim	Não
10	2

FONTE: Dados da Pesquisa. Setembro/2012.

A quase totalidade das professoras (83%) afirmou que a relação com os pais influencia na abordagem do tema. Somente 17% das professoras alegaram não sofrer qualquer tipo de influência.

Tabela 11. Questão 6: Se hoje ocorresse a morte de um de seus alunos, você se sentiria confortável/preparada(o) em dar a notícia e lidar com seus sentimentos e os das crianças da sua sala?

Se hoje ocorresse a morte de um de seus alunos, você se sentiria confortável/preparada (o) em dar a notícia e lidar com seus sentimentos e os das crianças da sua sala?

Sim	Não
6	6

FONTE: Dados da Pesquisa. Setembro/2012.

Metade das professoras (50%) se sente confortável em lidar com o tema, no caso da morte de um de seus alunos. As outras 50% não conseguiriam lidar com a questão.

Tabela 12. Questão 7: Sua explicação, a respeito da morte, teria um enfoque:

Sua explicação, a respeito da morte, teria um enfoque...	**Total**
Religioso	7
Baseado na Cronologia *Post-Mortem*	0
Fantasioso	1
Psicológico	2
Outros	5

*Nesta questão foi possível optar por mais de uma alternativa.

FONTE: Dados da Pesquisa. Setembro/2012.

A grande maioria das professoras (47%) daria um enfoque religioso à questão, porém 33% optariam por outras formas de explicação. Como essa questão era mista, apareceram relatos como:

> Explicação médica, buscando um conforto religioso. (C. E. F. C.)
>
> Dependeria da idade dos aluno. (S. R. C. S. C.)
>
> Dependeria muito da faixa etária dos alunos, para nós é difícil "encarar" a morte, explicá-la requer cuidado e preparação anterior por parte do professor. (C. P. L.)
>
> Chamaria a família para ver a melhor forma. (M. M. E. S.)

Tabela 13. Questão 8: A escola oferece algum tipo de suporte/orientação psicológica, caso a morte de um de seus alunos/familiares ou professores/funcionários venha a ocorrer?

A escola oferece algum tipo de suporte/orientação psicológica, caso a morte de um de seus alunos/familiares ou professores/funcionários venha a ocorrer?

Sim	Não
9	3

FONTE: Dados da Pesquisa. Setembro/2012.

Nessa questão, 75% das professoras alegaram receber suporte. Mas 25% das professoras alegaram que a escola não oferece qualquer tipo de apoio.

Tabela 14. Questão 9: Gostaria de ter alguma orientação a respeito do tema?

Gostaria de ter alguma orientação a respeito do tema?

Sim	Não
11	1

FONTE: Dados da Pesquisa. Setembro/2012.

Constatamos que 92% das professoras gostariam de ter alguma orientação à respeito da morte. Somente 8% afirmaram não necessitar de auxílio.

Questão 10: Comentários adicionais à respeito do tema

Os comentários foram denominados como opcionais. Dos doze (12) questionários devolvidos, somente quatro (4) apresentaram comentários adicionais.

Seguem alguns depoimentos de professoras:

> Esse assunto é tão delicado quanto doloroso para cada família, pois é uma perda irreparável, que devemos respeitar o momento de reação de cada família, trazendo conforto e orientação, mediante a cada caso, mas é bom estar ali, para que ela saiba que não está sozinha, que pode contar comigo, pois sua dor, só o tempo irá confortá-la. (D. V.)

É perceptível que o professor tem papel fundamental na abordagem do tema, uma vez que passa grande parte do tempo com a criança. Cada professor conhece as dificuldades e as personalidades de seus alunos, sendo de suma importância sua participação em todas as etapas da vida da criança, inclusive quando se trata da morte.

> Apesar de ser um tema difícil de lidar, com ele podemos ajudar as crianças a enfrentarem seus próprios medos. (M. R. M. P.)

Os professores tratam de diversos assuntos em sala de aula. Quando explicamos, por exemplo, o ciclo da natureza, estamos detalhando um processo de começo, meio e fim. Com a morte, não é diferente, é um assunto que pode e deve ser tratado em classe.

A professora denomina o tema como difícil, pois em nossa sociedade, falar da morte é um tabu, principalmente se tratar da morte de crianças.

> O "luto" na infância é sempre muito difícil. Porém inevitável! Infelizmente a fatalidade sobrevém a todos. (M. D. S. R.)

Conforme verificamos, o luto na infância é difícil, pois nossa influência sobre as crianças determinará maior ou menor medo da morte. Em certas culturas, como no caso dos índios, a morte é encarada com naturalidade. Na sociedade contemporânea, o medo da morte denota nossa fragilidade e impotência diante de determinados acontecimentos.

> Passei pela situação em 1998. Uma das crianças faleceu, vítima de pneumonia. Na época as crianças tinham 6 anos. Primeiro mostrei figuras que localizavam os pulmões em nosso corpo e expliquei que a coleguinha havia ficado muito doente, então os remédios e os médicos, mesmo tentando muito, não conseguiram fazer com que ela melhorasse. Fiz isso numa roda de conversa. Expliquei que quando isso acontece, paramos de respirar e nosso coração para de bater, e chamamos isso que acontece de morte. Acontece que as crianças queriam saber para onde a criança tinha ido, e para não correr o risco de entrar em conflito religioso, chamei os pais juntamente com seus filhos para verificarmos a melhor forma de explicar.
>
> Alguns foram até o cemitério, outros falaram que ela virou "estrelinha"... Mas o trabalho foi feito em conjunto com a família, aspecto que penso ser relevante e indispensável sempre, principalmente nesse caso. (C. P. L.)

Diante da perda de uma aluna, a professora buscou se apoiar na família e em explicações médicas a respeito da morte. Para não entrar em confronto com a religião dos familiares dos demais alunos, a professora procurou informações sobre como cada família lidava com o tema. Cada família apresentou diferentes formas de enfrentar a morte e colaborou com a professora para o tratamento do assunto.

Análise dos resultados

A morte está constantemente presente na vida das crianças. Quando elas escutam uma história de contos de fadas, quando assistem à televisão e também na escola, quando estudam desde o descobrimento do Brasil — vide o extermínio dos povos indígenas — até os acontecimentos contemporâneos.

Sabendo que mais da metade das professoras possui entre 10 a 20 anos na profissão, todas enfrentaram, em algum momento, a morte de alunos ou de seus familiares, de outros professores e funcionários, pois a morte acontece o tempo todo.

Sabendo que a grande maioria das professoras possui nível superior ou Pós-Graduação, é interessante constatar que ao cursarem a graduação, mais da metade alegou não ter tido nenhum tipo de orientação a respeito da morte. Os cursos superiores lidam com diversos temas: as teorias, as práticas e as didáticas, mas, se como profissionais da educação terão que tratar de diversos assuntos, incluindo a sexualidade, as diferenças sociais e econômicas e assuntos polêmicos como alcoolismo e agressão (física ou moral), por que os referentes cursos não incluem em sua grade curricular as questões referentes à morte e morrer, uma vez que fazem parte do cotidiano da criança?

Ainda assim, a grande maioria das professoras pontuou não ter medo de lidar com o tema. Professoras passam por problemas o tempo todo, tais como falta de recursos, de organização da gestão escolar, de valorização da profissão. Falar da morte, ou ter que trabalhar como esse tema, que ainda é encarado como algo distante de acontecer, principalmente com crianças, pode justificar a falta de medo em abordar o assunto.

Porém, quando a morte acontece, as rodas de conversa apareceram como as mais utilizadas pelas professoras. São nas rodas de conversa que as professoras têm a oportunidade de conhecer seus alunos, saber suas opiniões e também seus sentimentos. Dessa forma, ao se utilizarem desse recurso como fonte principal de entendimento sobre seus alunos, as professoras têm a chance de orientar e acolher as crianças, de forma significativa.

Mas a família ainda tem grande influência na abordagem do tema, uma vez que, em um país com uma diversidade cultural e religiosa tão forte, permitir que os pais e familiares participem do processo educativo como um todo é essencial. Nas questões de vida e de morte, a família pode e deve ser consultada. A escola tem o papel de dialogar e orientar a família sobre como abordar a morte, de forma coerente e esclarecedora, objetivando ajudar a criança, diante de situações-problema que possam surgir.

Ainda assim, metade das professoras se sente confortável ao lidar como a morte, a outra metade não. Possivelmente pela falta de preparo em relação ao assunto, medo de ferir os princípios religiosos da criança e sua família — conforme verificado na pesquisa, a religião ainda tem forte peso na abordagem do assunto —, ou ainda por não saberem lidar com os próprios conceitos e concepções acerca da morte.

Quando a morte acontece na escola, houve uma tendência entre as professoras em respeitar a faixa etária da criança, como forma de tratar o assunto e orientá-las de acordo com seu desenvolvimento psicológico e cognitivo.

Dos 5 aos 9 anos, a criança já elabora melhor o pensamento, mas é comum a criança entender a morte como um ser sobrenatural, que veio lhe buscar ou a um ente querido. Nessa fase a criança pode temer a morte, embora não compreenda plenamente o que ocorreu; por esse motivo, o apoio e os esclarecimentos prestados é que vão permitir que a criança, ao entrar na vida adulta, entenda que a morte é tão natural quanto nascer, e que todos, sem exceção, passarão por essa experiência.

Nesse sentido, é fundamental que a escola e os professores estejam preparados psicológica e teoricamente. Quando perguntado se as escolas ofereciam algum tipo de apoio no caso de acontecer a morte de alunos/familiares ou professores/funcionários, respostas diferentes apareceram em uma mesma escola, que podem depender muito do tipo de relacionamento que a professora tem com o corpo diretivo e a forma como ela está acolhida pela escola.

Avaliando o que foi explicitado na fundamentação teórica é relevante que sejam tomadas medidas de formação continuada para os professores, pretendendo abrir espaço para reflexões e discussões sobre a morte, como forma de priorizar o bem estar social e emocional das crianças e dos próprios profissionais da educação.

Considerações Finais

Durante a pesquisa, elaboração e "finalização" desse trabalho, centenas de milhares de pessoas morreram no mundo. Encerramos apenas em termos de formatação, nada mais. E nessas considerações finais, deixamos algo a mais para pensarmos.

A morte acontece o tempo todo, ainda que não desejemos perder nossos pais, filhos, cônjuges, amigos ou qualquer outro ente querido. Damo-nos a liberdade de expor uma experiência aqui, que estará, inclusive, em primeira pessoa do singular.

Quando eu era criança, tinha um medo terrível de perder meus pais, de ficar sem um deles, ou ambos. Anos mais tarde, tive meus próprios filhos e o foco mudou. O medo agora é de, um dia, perder um deles, ou ambos.

Perdi muitas pessoas queridas ao longo dos anos e constatei que meu medo não é da minha própria morte, mas da morte dos outros. Medo de não poder ver, falar ou tocar aqueles que amo, porque o temor da morte, na minha concepção, tem muito a ver com o sentimento de perda, com o fim de um sentimento, no caso o amor, que dá lugar a outro: a saudade.

E, agora, retornando a todos nós... Em primeira pessoa do plural.

Atualmente, no mundo, as pessoas estão cada vez mais conectadas pela tecnologia, mas estão cada vez mais sozinhas. Moramos em casas ou prédios, mas nem conhecemos nossos vizinhos. Estudamos e trabalhamos, mas nossos contatos ficam restritos a esses ambientes, não há uma interação mais profunda.

O isolamento dá lugar à depressão, algumas pessoas se cansam da vida, outras procuram subterfúgios para escapar da realidade, e existem ainda as que desenvolvem fobias extremas, que as impedem de viver inteiramente cada dia.

Os relacionamentos são cada vez mais pautados no ter do que no ser. Nisso, as crianças são cada vez mais direcionadas ao consumismo. Elas, aliás, aparentam estar cada vez mais precoces, como um retrocesso, um adulto em miniatura, conforme nos relata Ariès.

A morte se transformou e continua sendo um tabu, assim como a sexualidade, assuntos invioláveis, perigosos e imprevisíveis, dos quais todos se afastam e temem falar.

Sendo assim, é fundamental que, desde pequena, a criança possa compreender sua própria mortalidade e a do outro. A escola e a família têm papel relevante nesse processo, ajudando as crianças a se tornarem adultos saudáveis psicologicamente, prontos a enfrentar não só a morte, mas todas as perdas e adversidades da vida, podendo, desse modo, desenvolver laços afetivos, sociais e profissionais sem grandes medos e culpas, vivendo um pouco mais felizes e, plenamente, o tempo que têm na Terra.

Referências

ARIÉS. Philippe. *História Social da Criança e da família*. 2. ed. Rio de Janeiro: LTC Editora, 1981.

______. *História da Morte no Ocidente*. São Paulo: Ediouro, 2003.

ABERASTURY. Arminda et al. *A Percepção da Morte na Criança e Outros Escritos*. Porto Alegre: Artes Médicas, 1984.

ELIADE, Mircea. *O Sagrado e o Profano*. São Paulo: Martins Fontes, 1992.

DONNE. John. Porque os Sinos Dobram. Meditação 17. In: *Luminarium* - Anthology of English Literature. São Paulo: J. C. Ismael Editor, 1986.

LIMA, Flora Fernandes; CARVALHO, Lana Veras. A Criança e a Morte. *Sociedade Brasileira de Psico-Oncologia*. Disponível em: http://www.sbpo.org.br/newsletter/boletins/boletim_julho_agosto_setembro_2009/a_crianca_e_a_morte.pdf. Acesso em: 11 jun. 2012.

MASAGÃO, Marcelo. *Nós que aqui estamos por vós esperamos*. Documentário. Sem narrativa. Brasil, 1998.

MÓNICA. Maria Filomena. A morte. *Ensaios da Fundação Manuel dos Santos*. Lisboa: Relógio D'Água, 2011.

PLATÃO. Fédon. 3. ed. *Biblioteca Clássica*. São Paulo: Atena, 1954.

RAIMBAULT. Ginette. *A Criança e a Morte – Crianças Doentes Falam da Morte*: Problemas da Clínica do Luto. Rio de Janeiro: Francisco Alves, 1979.

SCANCARELLI. Fabiano B. *Morte – A Misteriosa Certeza*. Documentário. Brasil, 2007.

SCHOPENHAUER. Arthur. *Da Morte, Metafísica do Amor, Do Sofrimento do Mundo*. 7. ed. São Paulo: Martin Claret, 2011.

SÓFOCLES. Antígona. Versão para e-book. *Clássicos Jackson*. Vol. XXII, 2005.

Anexo. Modelo de Questionário

Nome*:
Idade:
Graduação/Escolaridade:
Tempo na Profissão:
Nível de Ensino em que atua:
Faixa etária das crianças atendidas (média):

1) Durante o período que cursou sua graduação, alguma disciplina abordou o tema morte?
( ) Sim ( ) Não

2) Já teve que lidar, em sala de aula, com a morte de alunos ou de seus familiares, professores, ou funcionários da instituição?
( ) Sim ( ) Não

3) Diante da situação, abordou o assunto:
a. ( ) com naturalidade
b. ( ) teve medo/desconforto
c. ( ) ignorou/não abordou o tema

4) Que recursos/estratégias foram utilizados para sensibilizar e introduzir o tema com as crianças?
a. ( ) Histórias
b. ( ) Rodas de conversa
c. ( ) Livros/filmes
d. ( ) Nenhum
e. ( ) Outros

5) A sua relação com os pais e familiares traz alguma influência (moral, religiosa, etc.) que possa auxiliar e/ou interferir na abordagem do tema?
( ) Sim ( ) Não

6) Se hoje ocorresse a morte de um de seus alunos, você se sentiria confortável/preparada(o) em dar a notícia e lidar com seus sentimentos e os das crianças de sua sala?
( ) Sim ( ) Não

7) Sua explicação, a respeito da morte, teria um enfoque:
a. ( ) Religioso
b. ( ) Baseada na cronologia *post-morten* (putrefação, decomposição, etc.)
c. ( ) Fantasioso (virou uma estrela, dormiu, etc.)
d. ( ) Psicológico
e. ( ) Outros

8) A escola oferece algum tipo de suporte/orientação psicológica caso a morte de um de seus alunos/familiares ou professores/funcionários venha a ocorrer?
( ) Sim ( ) Não

9) Gostaria de ter alguma orientação a respeito do tema?
( ) Sim ( ) Não

10) Comentários adicionais (Observações a respeito do tema, resposta opcional).